LES

MOHICANS

DE PARIS

PAR

ALEXANDRE DUMAS

19

PARIS
ALEXANDRE CADOT, ÉDITEUR
37, rue Serpente.

1855

LES MOHICANS DE PARIS

Ouvrages de Gondrecourt.

Le baron Lagazette	5 vol.
Le chevalier de Pampelonne	5 vol.
Mademoiselle de Cardonne.	5 vol.
Les Prétendans de Catherine	5 vol.
La Tour de Dago	5 vol.
Le Bout de l'oreille	7 vol.
Un Ami diabolique	3 vol.
Médine.	2 vol.
La Marquise de Candeuil.	2 vol.
Le Légataire	2 vol.
Le dernier des Kerven.	2 vol.
Les Péchés mignons	5 vol.

Ouvrages divers.

Le Coureur des bois, *par Gabriel Ferry* . .	7 vol.
Les Crimes à la mode, *par André Thomas* . .	2 vol.
Le Mauvais Monde, *par Adrien Robert*. . . .	2 vol.
Une Nichée de Tartufes, *par Villeneuve* . . .	3 vol.
La famille Aubry, *par Paul Meurice*.	5 vol.
Louspillac et Beautrubin, *par le même* . . .	1 vol.
Le Tueur de Tigres, *par Paul Féval* . . .	2 vol.
Une Vieille Maîtresse, *par Barbey d'Aurevilly* .	3 vol.
Les Princes d'Ebène, *par G. de la Landelle* . .	5 vol.
L'Honneur de la famille, *par le même* . . .	2 vol.
Un Beau Cousin, *par Maximilien Perrin* . . .	2 vol.
Le Roman d'une femme, *par A. Dumas fils* . .	4 vol.
Faustine et Sydonie, *par Mme Charles Reybaud*.	3 vol.
Le Mari confident, *par madame Sophie Gay* . .	2 vol.
Georges III, *par Léon Gozlan*	3 vol.
Sous trois rois, *par Alexandre de Lavergne* . .	2 vol.
Trois reines, *par X. B. Saintine*	2 vol.

Fontainebleau. — Imp. de E. Jacquin.

LES

MOHICANS

DE PARIS

PAR

ALEXANDRE DUMAS

19

PARIS
ALEXANDRE CADOT, ÉDITEUR
37, rue Serpente.

1855

1

Le sursis.

Mais si impératif que fût le geste du roi, Dominique n'obéit point; seulement, il se releva, et, d'une voix respectueuse, mais ferme :

— Sire, dit-il, Votre Majesté s'est trompée : je ne demande pas, ou plutôt je ne demande plus la grâce de mon père.

— Que demandez-vous donc, alors ?

— Sire, je sollicite un sursis de Votre Majesté.

— Un sursis ?

— Oui, sire.

— De combien de jours ?

Dominique calcula dans son esprit, et, tout bas :

— De cinquante jours, dit-il.

— Mais, fit le roi, la loi accorde trois

jours au condamné pour se pourvoir, et le pourvoi est toujours une affaire de quarante jours.

— C'est selon, sire, la Cour de cassation, si on la presse, peut rendre son arrêt en deux jours, en un jour même aussi bien qu'en quarante jours, et d'ailleurs...

Dominique hésitait.

— Et d'ailleurs, répéta le roi; voyons, achevez votre pensée.

— D'ailleurs, mon père ne se pourvoira pas.

— Comment, votre père ne se pourvoira pas ?

Dominique secoua la tête.

— Mais en ce cas, s'écria le roi, votre père veut donc mourir?

— Il ne fera rien du moins pour échapper à la mort.

— Alors, monsieur, la justice aura son cours.

— Sire, fit Dominique, au nom de Dieu, accordez à un de ses ministres la grâce qu'il vous demande.

— Eh bien! oui, monsieur, je la lui accorderai peut-être, mais à une condition d'abord : c'est que le condamné ne bravera pas la justice; que votre père se pourvoie, et je verrai s'il doit avoir, outre les trois jours de délai que lui accordera la loi, les quarante jours de sursis que lui accordera ma clémence!

— Ce n'est point assez de quarante-trois jours, sire, dit résolûment Dominique, il m'en faut cinquante.

— Cinquante, monsieur, et pourquoi faire?

— Pour faire un voyage long et pénible, sire, pour obtenir une audience que j'obtiendrai difficilement, peut-être, pour tâcher enfin de convaincre un homme qui, comme vous, sire, ne voudra peut-être pas être convaincu.

— Vous faites un long voyage ?

— Un voyage de trois cent cinquante lieues, sire.

— Et vous le faites à pied ?

— Je le fais à pied, oui, sire.

— Pourquoi le faites-vous à pied, dites ?

— Parce que c'est ainsi que voyagent les

pèlerins qui ont une grâce à demander à Dieu.

— Mais si je faisais les frais de ce voyage, si je vous donnais l'argent nécessaire...

— Sire, que Votre Majesté réserve l'argent qu'elle me donnerait à quelque pieuse aumône. J'ai fait vœu d'aller à pied, et pieds nus, j'irai à pied et pieds nus.

— Et, dans cinquante jours, vous vous engagez à prouver l'innocence de votre père.

— Non, sire, je ne m'y engage point, et

je jure au roi que nul autre à ma place ne pourrait s'y engager. Mais j'affirme qu'après le voyage que j'entreprends, si je n'ai pas les moyens de proclamer l'innocence de mon père, j'affirme que j'accepterai l'arrêt de la justice humaine, me bornant à répéter au condamné ces paroles du roi.

— J'appelle sur vous la miséricorde divine.

Une émotion nouvelle s'empara de Charles X.

Il regarda l'abbé Dominique, et, en voyant sa franche et loyale figure, une demi-conviction entra dans son cœur.

Malgré lui cependant, car, on le sait, le roi Charles X n'eut pas le bonheur d'être toujours lui, malgré lui cependant, malgré cette sympathie irrésistible qu'inspirait le visage du noble moine, visage qui n'était que le reflet de son cœur, le roi Charles X alors, comme pour puiser des forces contre le bon sentiment qui menaçait de l'envahir, le roi Charles X prit pour la seconde fois la feuille de papier posée sur sa table, et sur laquelle il avait jeté les yeux quand l'huissier avait annoncé l'abbé Dominique, y porta rapidement un regard, et ce regard, si rapide qu'il fût, suffit pour refouler en lui ce bon vouloir, lequel n'eut ainsi qu'une expression éphémère.

D'attendrie qu'elle était en écoutant l'ab—

bé Dominique, sa figure redevint froide, soucieuse, renfrognée.

Et il y avait bien de quoi être renfrogné, soucieux et froid.

La note que le roi avait sous les yeux était l'histoire abrégée de M. Sarranti et de l'abbé Dominique, deux portraits esquissés de main de maître, comme savait les esquisser la congrégation.

La biographie de deux révolutionnaires acharnés.

La première était celle de M. Sarranti.

Elle était prise à son départ de Paris ; elle le suivait dans l'Inde, à la cour de Runjeh-Sing, dans ses relations avec le général Lebastard de Prémont, indiqué lui-même comme un homme horriblement dangereux. Puis, de l'Inde, elle passait avec eux à Schœnbrunn, détaillait cette conspiration, échouée par les bons soins de M. Jackal, et tout en perdant le général Lebastard de l'autre côté du pont de la Vienne, reprenait M. Sarranti seul pour le ramener à Paris, et ne le quitter qu'au jour de son arrestation.

En marge étaient ces mots :

« Accusé et convaincu en outre des crimes

de rapt, de vol et d'assassinat, pour lesquels crimes il a été condamné. »

Quant à l'abbé Dominique, sa biographie à lui n'était pas moins détaillée.

On le prenait au sortir du séminaire, on le proclamait un disciple de l'abbé Lamennais, dont la dissidence commençait à percer ; puis on en faisait un visiteur de mansardes, non pour répandre la parole de Dieu, mais la progagande révolutionnaire. On citait tel sermon de lui qui lui eût valu les re-remontrances de ses supérieurs, s'il n'eût pas relevé d'un ordre espagnol non encore rétabli en France. On proposait, enfin, de le renvoyer à l'étranger : sa présence à Paris étant dangereuse, au dire de la congrégation.

En somme, d'après la note que le pauvre bon roi avait sous les yeux, MM. Sarranti père et fils étaient deux buveurs de sang, tenant à la main : l'un, l'épée qui devait renverser le trône, l'autre, la torche qui devait brûler l'Église.

Il suffisait donc, quand une fois on s'était imprégné de tout ce venin jésuitique, de rejeter les yeux sur cette feuille de papier pour se reprendre à la haine politique qui, un instant, pouvait s'affaisser, et pour revoir d'un seul coup, sourdre à nouveau, tous les fantômes de la révolution.

Le roi frissonna et jeta un mauvais regard à l'abbé Dominique.

Celui-ci ne se méprit pas au sens de ce regard et se sentit atteint comme d'un fer rouge.

Il releva la tête fièrement, s'inclina sans se baisser, et fit deux pas en arrière pour se retirer.

Un suprême dédain pour ce roi, qui repoussait les instincts de son cœur afin de leur substituer les haines d'autrui, le foudroyant mépris du fort pour le faible vint, malgré l'abbé Dominique, errer dans ses yeux et sur ses lèvres.

Charles X, à son tour, vit ce sentiment luire comme une flamme, et Bourbon après tout, c'est-à-dire prompt à la grâce, il eut un de ces remords qu'à certaines heures devait avoir, en regardant d'Aubigné, son aïeul Henri IV.

La vérité, ou tout au moins le doute, lui apparut dans la demi-teinte ; il n'osa point refuser à cet honnête homme ce qu'il lui demandait et rappela l'abbé Dominique au moment où celui-ci avait déjà fait deux pas pour se retirer.

— Monsieur l'abbé, lui dit-il, je n'ai point encore répondu négativement ni affirmativement à votre demande, mais si je ne l'ai point fait, c'est que je regardais passer devant mes yeux ou plutôt dans ma pensée, les ombres des justes injustement immolés.

— Sire, s'écria l'abbé en faisant deux pas en avant, il est temps encore et le roi n'a qu'à dire un mot.

— Je vous accorde deux mois, monsieur l'abbé, dit le roi en reprenant sa hauteur ordinaire, comme s'il se repentait et s'il rougissait de laisser paraître la moindre émotion, mais, vous entendez, que votre père se pourvoie. Je pardonne quelquefois la rébellion contre la royauté, je ne pardonnerais pas la rébellion contre la justice.

— Sire, voudrez-vous me donner le moyen, à mon arrivée, de pénétrer jusqu'à vous à toute heure du jour et de la nuit.

— Volontiers, dit le roi.

Et il sonna.

— Vous voyez monsieur, dit Charles X à l'huissier qui entra ; reconnaissez-le, et n'importe à quelle heure du jour ou de la nuit qu'il se présentera ici, qu'on l'introduise près de moi. Prévenez-en les gens de service.

L'abbé s'inclina et sortit le cœur plein de joie, sinon de reconnaissance.

II

Le père et le fils.

L'abbé descendit les marches du palais des Tuileries le cœur plein d'une émotion dont nous ne tenterons même pas de donner l'analyse, mais que le lecteur comprendra suffisamment.

En effet, toutes ces fleurs d'espérance qui germent lentement dans le sein de l'homme, et qui ne donnent leurs fruits qu'à certaines heures, s'épanouirent dans le cœur de l'abbé Dominique au fur et à mesure qu'il mettait le pied sur un degré qui l'éloignait de la majesté royale et le rapprochait de ses concitoyens.

Toutes les faiblesses du malheureux monarque lui revenaient à la fois à l'esprit, et il lui semblait impossible que cet homme, courbé sous les années, au cœur bon, mais à l'esprit inerte, fût un sérieux obstacle à l'œuvre de cette grande déesse qui est en marche depuis que le génie humain a allumé son flambeau, et que l'on appelle : la Liberté !

Alors, chose étrange, et qui prouvait que son plan était bien arrêté pour l'avenir, tout son passé lui revint en mémoire en un moment.

Il se souvint des moindres détails de sa vie de prêtre, de ses irrésolutions indicibles au moment de faire ses vœux, de ses combats intimes au moment de recevoir l'ordination; mais tout avait été vaincu par cet espoir qui, pareil à la colonne de feu de Moïse, lui montrait son chemin à travers la société, et qui lui disait que la carrière dans laquelle il pouvait être le plus utile à son pays était la carrière religieuse.

Comme l'étoile des mages, sa conscience

rayonnait et lui montrait la véritable route; mais un instant la tempête avait obscurci son ciel, et il avait cessé de voir son chemin.

Il recommençait à y voir et se remettait en route, plein, sinon de confiance, du moins de résolution.

Il descendit la dernière marche du palais le sourire sur les lèvres.

A quelle pensée secrète, dans une pareille situation, correspondait donc son sourire?

Mais à peine eut-il mis le pied dans la

cour des Tuileries, qu'il aperçut la sympathique figure de Salvator, qui, inquiet du résultat de la démarche de l'abbé Dominique, attendait sa sortie avec une fiévreuse anxiété.

Salvator comprit, rien qu'en voyant le visage du pauvre moine, le résultat de sa visite.

— Bon, dit-il, je vois que le roi vous a accordé le sursis que vous lui avez demandé.

— Oui, fit l'abbé Dominique ; c'est un excellent homme au fond.

— Eh bien, dit Salvator, voilà qui me réconcilie un peu avec lui, voilà qui fait un peu rentrer en grâce avec moi Sa Majesté Charles X. Je lui pardonne ses faiblesses en souvenir de sa bonté native. Il faut être indulgent pour ceux qui n'entendent jamais la vérité.

Puis changeant subitement de ton :

— Nous retournons maintenant à la Conciergerie, n'est-ce pas? dit-il à l'abbé.

— Oui, répondit simplement celui-ci en serrant la main à son ami.

Ils prirent une voiture qui passait à vide sur le quai, et arrivèrent promptement à leur destination.

A la porte de la sombre prison, Salvator tendit la main à l'abbé Dominique, et lui demanda ce qu'il comptait faire en sortant.

— Quitter Paris à l'instant même.

— Puis-je vous être utile dans le pays où vous irez?

— Pouvez-vous abréger les formalités qui accompagnent la remise d'un passe-port?

— Je puis vous le faire donner sans aucune formalité.

— Alors, attendez-moi chez vous, j'irai vous y prendre.

— C'est moi qui vous attendrai ici dans une heure. Vous me retrouverez à l'angle du quai. Vous ne pouvez rester dans l'intérieur de la prison que jusqu'à quatre heures, et il en est trois.

— Dans une heure donc, dit l'abbé Dominique en pressant la main du jeune homme.

Et il s'engouffra dans le sombre guichet.

Le prisonnier avait été conduit dans la cellule au fond, à droite, la même qui avait renfermé Louvel et qui devait renfermer Fieschi.

L'abbé Dominique fut introduit sans difficulté près de lui.

M. Sarranti, assis sur un tabouret, se leva et alla au-devant de son fils.

Celui-ci s'inclina devant lui avec cette déférence dont on accueille les martyrs.

— Je vous attendais, mon fils, dit M. Sarranti.

Et il y avait dans la voix de ce père comme un reproche à son fils de ne pas l'avoir vu plus tôt.

— Mon père, dit l'abbé, il n'y a point de ma faute si je ne suis pas venu plus tôt.

— Je le crois, répondit le prisonnier en lui serrant les deux mains.

— Je sors des Tuileries, continua l'abbé Dominique.

— Vous sortez des Tuileries?

— Oui, je viens de voir le roi.

— Vous venez de voir le roi? Dominique, dit M. Sarranti étonné, en regardant fixement son fils.

— Oui, mon père.

— Et pourquoi avez-vous été voir le roi? Ce n'est point, à coup sûr, pour lui demander ma grâce.

— Non, mon père, se hâta de dire l'abbé.

— Qu'aviez-vous donc à lui demander alors?

— Un sursis!

— Un sursis! et pourquoi un sursis?

— La loi vous accorde trois jours pour vous pourvoir en cassation. Quand rien ne presse l'arrêt de la Cour, c'est une affaire de quarante à quarante-deux jours.

— Eh bien?

— Eh bien j'ai demandé deux mois.

— Au roi?

— Au roi.

— Pourquoi deux mois ?

— Parce que deux mois me sont nécessaires pour me procurer les preuves de votre innocence.

— Je ne me pourvoierai pas, Dominique, répondit résolûment M. Sarranti.

— Mon père !

— Je ne me pourvoierai pas, c'est une résolution prise, et j'ai défendu à Emmanuel de se pourvoir en mon nom.

— Mon père, que me dites-vous ?

— Je dis que je refuse toute espèce de sursis; j'ai été condamné, je veux être exécuté; j'ai récusé mes juges, non pas le bourreau.

— Mon père, écoutez-moi !

— Je veux être exécuté; j'ai hâte d'en finir avec les tortures de la vie et l'iniquité des hommes.

— Mon père, murmura tristement l'abbé.

— Je sais, Dominique, tout ce que vous pourrez me dire à ce sujet, je sais les reproches que vous avez droit de me faire.

— Oh! mon vénéré père, dit l'abbé Dominique en rougissant, si cependant je vous suppliais à genoux...

— Dominique!

— Si je vous disais que cette innocence que je vous promets, je la produirai aux yeux des hommes, aussi pure que ce jour de Dieu qui vient jusqu'à nous à travers les barreaux de cette prison...

— Eh bien! mon fils, cette innocence, après ma mort, n'en éclatera que plus brillante et plus lumineuse ; je ne demanderai point de sursis, je n'accepterai point de grâce!

— Mon père! mon père! s'écria Dominique désespéré, ne persistez pas dans cette résolution qui est votre mort, et qui sera, à moi, le désespoir de ma vie et peut-être la perte inutile de mon âme.

— Assez! dit Sarranti.

— Non, point assez, mon père! s'écria Dominique en se laissant effectivement glisser sur ses genoux et en pressant entre ses mains les mains de son père, qu'il couvrait de baisers.

M. Sarranti essaya de détourner la tête et retira ses mains.

— Mon père, continua Dominique, vous refusez, parce que vous ne croyez pas à mes paroles ; vous refusez, parce que cette mauvaise idée vous vient que j'emploie un subterfuge pour vous disputer à la mort et pour ajouter deux mois à votre existence si noble et si bien remplie, que vous sentez pouvoir mourir à quelque heure et à quelque âge que ce soit, et que vous mourrez, aux yeux du juge suprême, plein de jours et d'honneur.

Un sourire mélancolique, et qui prouvait que Dominique avait rencontré juste, erra sur les lèvres de M. Sarranti.

— Eh bien, mon père, continua Dominique, je vous jure, moi, que les paroles de votre fils ne sont pas de vaines paroles; je vous jure que j'ai là — et Dominique mit la main sur sa poitrine — que j'ai là les preuves de votre innocence.

— Et tu ne les as pas produites? s'écria M. Sarranti en reculant d'un pas et en regardant son fils avec un étonnement qui tenait de la défiance, et tu as laissé rendre contre ton père un jugement, tu as laissé condamner ton père à une mort infâme, ayant là — et M. Sarranti allongea le doigt vers la poitrine du moine — ayant là les preuves de l'innocence de ton père?...

Dominique étendit la main.

— Mon père, aussi vrai que vous êtes un homme d'honneur, aussi vrai que je suis votre fils, si j'avais fait usage de ces preuves, si je vous eusse sauvé la vie, sauvé l'honneur à l'aide de ces preuves, mon père, vous m'eussiez méprisé, et seriez mort plus cruellement de votre mépris que vous ne mourrez jamais par la main du bourreau.

— Mais si tu n'as pas pu donner ces preuves aujourd'hui, comment pourras-tu les donner un jour?

— Mon père, c'est là un second secret que je ne puis pas plus vous révéler, un secret qui est entre moi et Dieu.

— Mon fils, dit le condamné d'une voix brève, il y a dans tout cela trop de mystère pour moi. Je n'accepte jamais que ce que je puis comprendre; je ne comprends pas, en conséquence, je refuse.

Et, reculant d'un pas et faisant signe au moine de se relever :

— Assez, Dominique, dit-il, épargnez-moi toute discussion, et passons les dernières heures que nous avons encore à rester sur la terre, le plus doucement que nous pourrons.

Le moine poussa un soupir; il savait que

ces paroles une fois prononcées par son père, il n'avait plus rien à espérer.

Et cependant, en se relevant, il rêvait par quel retour il pourrait obtenir de l'homme inflexible qu'il appelait son père, un changement de résolution.

III

L'idée et l'homme.

M. Sarranti montra un tabouret à l'abbé Dominique, fit avec un reste d'agitation trois ou quatre tours dans l'étroite cellule ; puis, ayant apporté un tabouret près de son fils, et s'étant assis lui-même, il recueillit ses esprits et parla ainsi au pauvre moine, qui l'écoutait la tête basse et le cœur serré :

— Mon fils, avec le regret de nous séparer, il me reste, au moment de mourir, une sorte de repentir, ou plutôt de crainte d'avoir mal employé ma vie.

— Oh! mon père! s'écria Dominique en relevant la tête et en essayant de prendre les mains de son père, que celui-ci retira, moins par un mouvement de froideur, que, au contraire, pour ne pas donner à son fils cette prise magnétique sur lui.

Sarranti reprit :

— Et, en effet, écoutez-moi bien, Dominique, et jugez-moi.

— Mon père !

— Jugez-moi, je le répète. A votre avis, car je me plais à le dire, mon fils, vous êtes un homme de haute moralité, à votre avis, ai-je bien ou mal employé l'intelligence que Dieu m'avait donnée pour être utile aux autres ? Parfois je doute, écoutez-moi, et il me semble que cette intelligence ne leur a servi de rien. Autre chose est de concourir autant qu'il est en soi à l'œuvre de civilisation que nous sommes, les uns et les autres, appelés à faire progresser : autre chose est de dévouer sa vie à une seule idée, ou plutôt à un seul homme, si grand que l'homme soit.

— Oh! mon noble père! s'écria le moine relevant la tête et fixant un œil ardent sur M. Sarranti.

— Écoutez-moi, mon fils, insista le prisonnier. Eh bien, j'ai, comme je vous le disais, un moment de doute où je crains de m'être trompé de chemin. Sur le point de quitter ce monde, je fais mon examen de conscience, et j'ai du bonheur à le faire devant vous. Croyez-vous, Dominique, que cette énergie que j'avais en moi eût pu être mieux employée? Ai-je fait le meilleur usage que je pouvais faire des facultés dont Dieu m'avait doué, et m'étant proposé une tâche, l'ai-je bien accomplie?

Répondez-moi, Dominique.

Pour la seconde fois, Dominique se laissa glisser aux genoux de son père.

— Mon noble père, dit-il, je ne connais pas sous le ciel un homme qui ait plus loyalement et plus généreusement dépensé ses forces au service d'une cause qui lui semblait juste et bonne que vous ne l'avez fait. Je ne connais pas de probité plus haute que votre probité, de dévoûment moins intéressé que votre dévoûment. Oui, mon noble père, vous avez accompli votre tâche, au point de vue où vous vous l'étiez imposée, et la cellule où nous sommes à cette heure est le témoignage matériel de votre grandeur d'âme et de votre sublime abnégation.

— Merci, Dominique, répondit M. Sarranti, et si quelque chose me console de la mort, c'est la pensée que mon fils a le droit d'être fier de ma vie. Je vous quitterai donc, mon seul et unique enfant, sans remords, sinon sans regrets. Et pourtant j'avais encore des forces au service de la patrie; j'étais à peine, — il me semble cela du moins aujourd'hui, — j'étais à peine à la moitié de ma tâche, et je croyais entrevoir, — dans un lointain obscur, mais que cependant il me serait possible d'atteindre, — je croyais entrevoir le rayon lumineux d'une vie meilleure, quelque chose comme la délivrance de mon pays, et qui sait? peut-être, à la suite de la délivrance de mon pays, l'affranchissement des nations.

— Ah! mon père, s'écria l'abbé, ne le perdez point de vue, je vous en supplie, ce rayon lumineux; car là est la colonne de feu qui doit conduire la France à la terre promise. Mon père, écoutez-moi, et que Dieu mette la persuasion dans la bouche de son humble ministre.

M. Sarranti passa la main sur son front comme pour le dégager des nuages matériels qui pouvaient obscurcir sa pensée, et empêcher la parole de son fils d'arriver jusqu'à son esprit.

— Écoutez-moi, mon père, vous avez d'un seul mot éclairé tout à l'heure la question sociale à laquelle les hommes généreux, quels qu'ils soient, dévouent leur vie ; vous avez dit : *L'homme et l'idée.*

M. Sarranti, les yeux fixés sur Dominique, fit un signe d'assentiment.

L'homme et *l'idée*, tout est là, mon père. L'homme, dans son orgueil, croit être le maître de l'idée ; tandis que, au contraire, l'idée est maîtresse de l'homme. L'idée, ô mon père, est la fille de Dieu, et Dieu lui a donné pour accomplir son œuvre immense, les hommes comme des instruments.

Écoutez bien ceci, mon père. Parfois, je deviens obscur.

A travers la période des temps, un seul soleil rayonne, éclairant les hommes qui en ont fait leur Dieu.

Voyez-la naître où naît le jour ; là où est l'idée est la lumière : dans tout le reste est la nuit.

Lorsque l'idée apparut au-dessus du Gange et se leva derrière la chaîne de l'Himalaya, éclairant cette civilisation primitive dont nous n'avons conservé que des traditions, ces villes aïeules dont nous ne connaissons que les ruines, ses flammes rayonnèrent autour d'elle, et éclairèrent non-seulement l'Inde, mais les nations voisines.

Seulement, l'intensité de la lumière était là où était l'idée.

L'Égypte, l'Arabie et la Perse étaient dans la demi-teinte, le reste du monde dans l'obscurité; Athènes, Rome, Carthage, Cordoue, Florence et Paris, ces foyers à venir, ces phares futurs, n'étaient pas encore sortis de terre, et l'on ignorait jusqu'à leur nom.

L'Inde accomplit son œuvre de civilisation patriarcale. Cette mère du genre humain, qui avait pris pour symbole la vache aux intarissables mamelles, passa le sceptre à l'Égypte, à ses quarante nômes, à ses trois cent trente rois, à ses vingt-six six dynasties. On ne sait pas ce qu'avait duré l'Inde, l'Égypte dura trois mille ans.

Elle enfanta la Grèce.

Après le gouvernement patriarcal, le gouvernement théocratique, le gouvernement républicain.

La société antique était arrivée à la perfection païenne.

Puis vint Rome.

Rome, la ville privilégiée, où l'idée devait se faire homme et régner sur l'avenir.

— Mon père, inclinons-nous tous les deux. Je vais prononcer le nom de ce juste qui mourut, non-seulement pour les justes qui devaient mourir après lui, mais pour les coupables; mon père, je vais prononcer le nom du Christ.

Sarranti baissa la tête, Dominique se signa.

— Mon père, continua le moine, au moment où le juste jeta son dernier cri, le tonnerre gronda, le voile du temple se déchira, la terre s'entr'ouvrit.

Cette gerçure qui alla d'un pôle à l'autre fut l'abîme qui sépara le monde ancien du nouveau.

Tout était à recommencer, tout était à refaire ; on eût cru que Dieu, l'infaillible, s'était trompé, si de place en place, comme des phares allumés à sa propre lumière, on ne reconnaissait point ces grands précurseurs qu'on appelle Moïse, Eschyle, Platon, Socrate, Virgile et Sénèque.

L'idée avait eu avant Jésus-Christ son nom antique : *la Civilisation*.

Elle eut après Jésus-Christ son nom moderne : *la Liberté*.

Dans le monde païen, la liberté n'était point nécessaire à la civilisation.

Voyez l'Inde, voyez l'Égypte, voyez l'Arabie, voyez la Perse, voyez la Grèce, voyez Rome.

Dans le monde chrétien, il n'y a pas de civilisation sans liberté!

Voyez tomber Rome, voyez tomber Carthage, voyez tomber Grenade, voyez naître le Vatican.

— Mon fils, demanda Sarranti avec une espèce de doute, le Vatican est-il bien le temple de la Liberté?

— Il le fut du moins jusqu'à Grégoire VII. Ah ! mon père, c'est ici qu'il faut de nouveau séparer l'homme de l'idée, l'idée qui échappe aux mains du pape, passe aux mains du roi Louis-le-Gros qui achève ce que Grégoire VII a commencé.

La France va continuer Rome.

C'est dans cette France, qui balbutie à peine le mot *commune*, c'est dans cette France, dont la langue se forme, chez laquelle le servage va être aboli à son tour, c'est dans cette France que se débattront désormais les destins du monde.

Rome n'a plus que le cadavre du Christ;

la France a sa parole, son verbe, son âme.

L'idée !

Voyez-la surgir sous le nom de commune.

Commune, c'est-à-dire droits du peuple, démocratie, liberté.

O mon père ! les hommes croient qu'ils usent les idées, tandis qu'au contraire c'est l'idée qui use les hommes.

Écoutez-moi, mon père, car c'est au moment où vous sacrifiez votre vie à votre croyance qu'il faut faire la lumière autour de cette croyance, pour que vous voyiez bien si le flambeau allumé par vous vous a conduit où vous vouliez aller.

— J'écoute, répondit le condamné en appuyant sa main sur son front comme pour l'empêcher d'éclater devant la Minerve qu'il sentait s'agiter tout armée sous la voûte de son cerveau.

— Les événements diffèrent, continua le moine, mais l'idée est la même.

Après la Commune, viennent les *Pastoureaux*, après les Pastoureaux vient la *Jacquerie*, après la Jacquerie viennent les

Maillotins, après les Maillotins vient *la Guerre du bien public*, après la Guerre du bien public, la *Ligue*, après la Ligue, la *Fronde*, après la Fronde, la *Révolution française*.

Eh bien ! mon père, toutes ces révoltes, qu'elles s'appellent Commune, Pastoureaux, Jacquerie, Maillotins, Guerre du bien public, Ligue, Fronde, Révolution, c'est l'idée toujours, l'idée qui se transforme, mais qui, à chaque transformation, grandit.

La goutte de sang qui tombe de la langue du premier homme qui crie : *Commune*, sur la place publique de Cambrai, et à qui on coupe la langue comme blasphémateur, cette goutte de sang, c'est la source de la démocratie.

Source d'abord, puis ruisseau, puis torrent, puis rivière, puis fleuve, puis lac, puis Océan.

Maintenant, mon père, voyons naviguer sur cet Océan ce pilote, élu du Seigneur, qu'on appelle Napoléon-le-Grand !

Le condamné, qui n'avait jamais entendu de semblables paroles, se recueillit et écouta.

Le moine continua en ces termes :

IV

César, Charlemagne, Napoléon.

— Trois hommes, continua Sarranti, trois élus avaient été choisis de tout temps dans la pensée du Seigneur pour être les instruments de *l'idée*, et pour tailler comme il l'entendait l'édifice du monde chrétien.

Ces trois hommes sont César, Charlemagne, Napoléon.

— Et remarquez, mon père, que chacun de ces trois hommes ignore ce qu'il fait et semble rêver juste le contraire de ce qu'il accomplit.

César, païen, prépare le christianisme ;

Charlemagne, barbare, prépare la civilisation ; Napoléon, despote, prépare la liberté.

Ces trois hommes viennent à huit cents ans de distance l'un de l'autre.

Mon père, ce sont trois aspects humains différents ; mais c'est la même âme qui les anime, *l'idée.*

César, païen, réunit par la conquête les peuples en un seul faisceau, afin que sur cette gerbe d'hommes se lève le Christ, soleil fécondateur du monde moderne, et sous le successeur de César se lève le Christ.

Charlemagne, barbare, établit la féodalité, cette mère de la civilisation, et brise contre les barrières de son vaste empire la migration de peuples plus barbares encore que lui.

Napoléon..... Permettez, mon père, qu'à l'égard de Napoléon je développe plus longuement ma théorie. Ce ne sont point des paroles vaines que je vous dis, et, je l'espère bien, elles me conduisent, au contraire, au but où j'aspire.

Lorsque Napoléon, ou plutôt Bonaparte — car le géant a deux noms comme il a deux faces — lorsque Bonaparte apparut, la France était lancée par la révolution tellement en dehors des autres peuples, qu'elle avait dérangé l'équilibre des nations. Il fallait un Alexandre à ce bucéphale, un Androclès à ce lion.

Bonaparte se présenta, avec sa double

nature populaire et aristocratique, en face de cette folle de Liberté, qu'il fallait enchaîner pour la guérir. —Bonaparte était en arrière de *l'idée* en France, mais en avant des idées des autres peuples.

Les rois ne virent pas en lui ce qu'il y avait en lui : les rois sont parfois aveugles.

Les insensés lui firent la guerre.

Alors Bonaparte — l'homme de *l'idée* — prit ce qu'il y avait en France de plus pur, de plus intelligent, de plus progressif parmi ses enfants; il en forma des bataillons,—bataillons sacrés qu'il répandit sur l'Europe. —Partout ces bataillons de *l'idée* portent la mort aux rois et la vie aux peuples, partout où passe l'esprit de la France, la liberté fait, à sa suite, un pas gigantesque, jetant au vent les révolutions, comme un semeur jette le blé.

Napoléon tombe en 1815, et déjà la moisson qu'il a préparée est, sur certains sols, bonne à faire.

Ainsi, en 1818 — rappelez-vous les dates, mon père — les grands-duchés de Bade et de Bavière demandent une constitution et l'obtiennent;

En 1819, le Wurtemberg réclame une constitution, et l'obtient :

En 1820, révolution et constitution des cortès d'Espagne et de Portugal;

En 1820, révolution et constitution de Naples et du Piémont;

En 1821, insurrection des Grecs contre la Turquie;

En 1823, institution d'États en Prusse.

L'homme est prisonnier, l'homme est enchaîné sur le rocher de Sainte-Hélène.

L'homme est mort, l'homme est déposé

au tombeau, l'homme repose sous sa pierre sans nom.

Mais *l'idée* est libre, mais *l'idée* lui survit, mais *l'idée* est immortelle.

Une seule nation, une seule, avait, par sa position topographique, échappé à l'influence progressive de la France, trop éloignée qu'elle était pour que nous songeassions jamais à mettre le pied sur son territoire. Napoléon rêve la destruction des Anglais dans l'Inde par son union forcée avec la Russie. A force de fixer les yeux sur Moscou, il finit par s'habituer à la distance. La distance disparaît peu à peu, par un effet d'optique sublime et insensé tout à la fois. Un prétexte, et nous conquérons la Russie comme nous avons conquis l'Italie, l'Égypte, l'Allemagne, l'Autriche et l'Espagne. Le prétexte ne manquera pas, comme au temps des croisades, où nous allions emprunter la civilisation à l'Orient. Dieu le veut : nous porterons la liberté au Nord. Un vaisseau anglais entre dans le port de je ne sais quelle ville de la Baltique, et voilà la guerre déclarée par Napoléon à l'homme qui, deux ans auparavant, en s'inclinant devant lui, s'appliquait ce vers de Voltaire :

L'amitié d'un grand homme est un bienfait des dieux.

Et d'abord, il semble, à la première vue

que la prévoyance de Dieu échoue contre l'instinct despotique d'un homme. La France entre dans la Russie, mais la Russie recule devant la France. La liberté et l'esclavage ne seront point mis en contact. Nulle semence ne germera sur cette terre glacée; car devant nos armées reculeront, non-seulement les armées, mais encore les populations ennemies. C'est un pays désert que nous envahissons, c'est une capitale incendiée qui tombe entre nos mains. Et lorsque nous entrons dans Moscou, Moscou est vide, Moscou est en flammes.

Alors la mission de Napoléon est accomplie et le moment de sa chute est arrivé, car la chute de Napoléon va être aussi utile à la liberté que l'avait été l'élévation de

Bonaparte. Le tzar, si prudent devant l'ennemi vainqueur, sera imprudent peut-être devant l'ennemi vaincu. Il avait reculé devant le conquérant, voyez, voyez, mon père, il s'apprête à suivre le fuyard.

Dieu retire sa main de Napoléon. Depuis trois ans, son bon génie, Joséphine, ne s'est-il pas éloigné de lui, pour faire place à Marie-Louise, l'incarnation du despotisme? Dieu retire donc sa main de Napoléon, et pour que l'intervention céleste soit bien visible cette fois dans les choses humaines, ce ne sont plus des hommes qui combattent des hommes, l'ordre des saisons est interverti, la neige et le froid arrivent à marches forcées, ce sont les éléments qui tuent une armée.

Et voilà que les choses prévues par la sagesse du Seigneur arrivent. Paris n'a pu porter sa civilisation à Moscou, Moscou vient la demander à Paris.

Deux ans après l'incendie de sa capitale, Alexandre entrera dans la nôtre.

Mais son séjour y sera de trop courte durée ; ses soldats n'ont fait que toucher le sol de la France. Notre soleil, qui devait les éclairer, ne les a qu'éblouis.

Dieu rappelle son élu, Napoléon reparaît, le gladiateur rentre dans l'arène, combat, tombe et tend la gorge à Waterloo.

Alors Paris rouvre ses portes au tzar et à son armée sauvage. Cette fois, l'occupation retiendra trois ans, aux bords de la Seine, ces hommes de la Newa, du Volga et du Don ; puis, tout empreints d'idées nouvelles et étranges, balbutiant les noms inconnus de civilisation, d'affranchissement et de liberté, ils retourneront dans leur pays sauvage, et, huit ans après, une conspiration républicaine éclatera à Saint-Pétersbourg.

Tournez les yeux vers la Russie, mon père, et vous verrez le foyer de cet incendie fumant encore sur la place du Sénat.

Mon père, vous avez consacré votre vie

à l'homme-*idée :* l'homme est mort, *l'idée* vit.

Vivez à votre tour pour l'idée.

— Que dites-vous, mon fils? s'écria M. Sarranti en regardant Dominique avec des yeux où se peignaient à la fois l'étonnement et la joie, la surprise et la fierté.

— Je dis, mon père, qu'après avoir si vaillamment combattu, vous ne voudrez pas quitter la vie avant d'avoir entendu sonner les heures des indépendances futures. Mon père, le monde s'agite, la France est en travail comme une montagne volcanique; encore quelques années, quelques mois peut-être, et la lave va sortir du cratère, engloutissant sur son passage, comme des villes maudites, toutes les servitudes, tous les abaissements d'une société condamnée à faire place à une société nouvelle.

— Répétez ces paroles, Dominique, s'écria le Corse-enthousiaste, dont les yeux étincelèrent de joie en entendant sortir de la bouche de son fils ces prophétiques et consolantes paroles, précieuses pour lui comme une rosée de diamants; répète ces paroles; tu fais partie de quelque société secrète, n'est-ce pas? et tu sais le mot de l'avenir?

— Je ne fais partie d'aucune société secrète, mon père; et si je sais le mot de l'avenir, c'est que je l'ai lu dans le passé. J'ignore si quelque complot se trame dans l'ombre, mais ce que je sais, c'est qu'une conspiration toute puissante est éclose en face de tous, en plein soleil : c'est la conspiration du bien contre le mal, et les deux combattants sont en présence : le monde attend.

Vivez, mon père, vivez.

— Oui, Dominique ! s'écria M. Sarranti en tendant la main à son fils, vous avez raison : je désire vivre maintenant; mais comment vivre, puisque je suis condamné?

— Mon père, cela me regarde.

— Pas de grâce, entends-tu bien, Dominique. Je ne veux rien recevoir de ces hommes qui, pendant vingt ans, ont combattu contre la France.

— Non, mon père, rapportez-vous-en à moi de garder l'honneur de la famille. On ne vous demande qu'une chose, c'est de vous pourvoir : un innocent n'a pas de grâce à demander.

— Quel est donc votre projet, Dominique?

— Mon père, à vous comme aux autres, je dois le taire.

— C'est un secret?

— Profond, inviolable.

— Même pour ton père, Dominique!

Dominique prit la main de son père et la baisa respectueusement.

— Même pour mon père, dit-il.

— N'en parlons plus, mon fils. Quand vous reverrai-je?

— Dans cinquante jours, mon père; plus tôt peut-être, mais pas plus tard.

— Je ne vous verrai pas d'ici à cinquante jours? s'écria M. Sarranti avec effroi.

Il commençait à craindre de mourir.

— J'entreprends à pied un long pèlerinage. Recevez mes adieux, je partirai dès ce soir, dans une heure, pour ne plus m'arrêter jusqu'au retour. Bénissez-moi, mon père.

Un sentiment de sublime grandeur se répandit sur le visage de M. Sarranti.

— Que Dieu t'accompagne pendant ton

douloureux pèlerinage, noble cœur, dit-il en élevant les mains au-dessus de la tête de son fils; qu'il te préserve des embûches et des trahisons, et qu'il te ramène pour ouvrir la porte de ma prison, que cette porte donne sur la vie ou sur la mort.

Puis, prenant entre ses deux mains la tête du moine agenouillé, il la regarda avec une tendresse orgueilleuse, une suprême fierté; et lui baisant le front, il lui fit signe de sortir, de peur sans doute que les émotions dont son cœur était plein, ne s'exhalassent en sanglots.

De son côté, le moine, qui sentait ses

forces défaillir, se retourna pour dérober à son père la vue des larmes qui jaillissaient de ses yeux, et sortit précipitamment.

V

Le passe-port.

Quatre heures sonnaient au moment où l'abbé Dominique mettait le pied hors de la Conciergerie. Ce qui nous a pris trois jours de récit s'était passé en une heure.

A la porte, le moine retrouva Salvator.

Ce jeune homme vit le trouble où était l'abbé, comprit ce qui se passait dans son âme, et que, lui parler de son père, c'était raviver sa blessure. Aussi ne lui dit-il rien autre chose que ces mots :

— Et maintenant, que comptez-vous faire?

— Je pars pour Rome.

— Quand?

— Le plus tôt possible.

— Vous faut-il un passe-port?

— Peut-être ma robe pourrait-elle m'en servir : mais n'importe, pour ne subir aucun retard, je préfère en avoir un.

— Allons chercher un passe-port, nous sommes à deux pas de la Préfecture, et, grâce à moi, vous n'aurez pas, je crois, longtemps à attendre.

Cinq minutes après, ils entraient dans la cour de la Préfecture.

Au moment où ils franchissaient le seuil du bureau des passe-ports, un homme se heurta contre eux dans le sombre corridor.

Salvator reconnut M. Jackal.

— Recevez mes excuses, monsieur Salvator, dit l'homme de police en reconnaissant le jeune homme, je ne vous demande pas cette fois par quel hasard j'ai le bonheur de vous rencontrer.

— Et pourquoi ne me le demandez-vous pas, monsieur Jackal?

— Mais parce que je le sais.

— Vous savez ce qui m'amène ici?

— N'est-ce pas mon état de tout savoir?

— Alors je viens ici cher monsieur Jackal?...

— Pour chercher un passe-port, cher monsieur Salvator.

— Pour moi? demanda en riant Salvator.

— Non; mais pour monsieur, répondit M. Jackal en désignant du doigt le moine.

— Nous sommes à la porte du bureau, frère Dominique est avec moi ; vous savez que mon état me retient à Paris; il n'est donc pas difficile de deviner, cher monsieur Jackal, que je viens chercher un passe-port et que ce passe-port est pour monsieur.

— Oui; mais ce qui l'était davantage, c'était de prévoir votre désir.

— Ah! ah! Et vous l'avez prévu?

— Autant qu'il a été permis à ma pauvre petite perspicacité de le faire.

— Je ne comprends pas.

—Voulez-vous me faire l'amitié de me

suivre avec M. l'abbé, cher monsieur Salvator? alors vous comprendrez peut-être.

— Où désirez-vous que nous vous suivions ?

— Mais dans la salle où l'on délivre les les passe-ports. Vous trouverez celui de M. l'abbé tout préparé!

— Tout préparé? fit Salvator d'un air de doute.

— Oh! mon Dieu, oui, répondit M. Jackal avec cette bonhomie qu'il savait si bien étendre sur son visage.

— Même avec le signalement?

— Même avec le signalement. Il ne doit y manquer que la signature de M. l'abbé.

Ils étaient arrivés devant le bureau du fond qui fait face à la porte.

— Le passe-port de M. Dominique Sarranti, dit M. Jackal au chef de bureau enfermé dans la petite cage de bois.

— Le voilà, monsieur, répondit celui-ci en tendant le passe-port à M. Jackal, qui le fit passer au moine.

— C'est bien cela, n'est-ce pas? continua M. Jackal, tandis que Dominique jetait sur le papier officiel un regard étonné.

— Oui, monsieur, répondit l'abbé; en effet, c'est bien cela.

— Eh bien, dit Salvator, il ne nous reste plus qu'à le faire viser par monseigneur le Nonce.

— C'est chose facile, répondit M. Jackal, en puisant profondément dans sa tabatière, et aspirant avec volupté une prise de tabac.

— Mais c'est un véritable service que vous nous rendez là, cher monsieur Jackal, dit Salvator, et je ne sais comment vous en témoigner ma reconnaissance.

— Ne parlons plus de cela, les amis de nos amis ne sont-ils pas nos amis?

Et M. Jackal prononça ces mots avec un tel mouvement d'épaules, avec un tel accent de bonhomie, que Salvator regarda M. Jackal, plein de doute.

Il y avait des moments où il était tout prêt à prendre M. Jackal pour un philanthrope exerçant son état d'homme de police par amour de l'humanité.

Mais juste en ce moment, M. Jackal lui jetait en dessous un de ces regards qui attestaient sa parenté avec l'animal dont il portait le nom.

Puis faisant signe à Dominique de l'attendre :

— Deux mots, cher monsieur Jackal, dit-il.

— Quatre, monsieur Salvator, six, tout un vocabulaire ; c'est un si grand plaisir pour moi de causer avec vous, que, quand j'ai ce bonheur-là, je voudrais que la conversation ne finît jamais.

— Vous êtes bien bon, fit Salvator.

Et, malgré sa répugnance intérieure pour cette espèce de compagnonage, il prit le bras de l'homme de police.

— Voyons, cher monsieur Jackal, dit-il, dites-moi deux choses.

— Avec grand plaisir, cher monsieur Salvator.

— Dans quelle intention avez-vous préparé ce passe-port?

— C'est la première des deux choses que vous avez à me demander?

— Oui.

— Mais dans l'intention de vous être agréable.

— Merci. Maintenant, comment avez-vous su que vous me seriez agréable en préparant un passe-port au nom de M. Dominique Sarranti?

— Parce que M. Dominique Sarranti est votre ami, autant que j'en ai pu juger le jour où vous l'avez rencontré près du lit de M. Colomban.

— Très bien! Mais comment avez-vous deviné qu'il allait faire un voyage ?

— Je ne l'ai pas deviné, il l'a dit lui-même à Sa Majesté en lui demandant un sursis de cinquante jours.

— Mais il n'a pas dit à Sa Majesté où il allait.

— Oh! belle malice, cher monsieur Salvator. M. Dominique Sarranti demande un sursis de cinquante jours au roi pour faire un voyage de trois cent cinquante lieues. Or, combien y a-t-il de Paris à Rome? treize cents kilomètres par la route de Sienne, quatorze cent trente kilomètres par la route de Pérouse, la moyenne est donc de trois cent cinquante lieues. A qui M. Sarranti peut-il avoir affaire dans les circonstances où il se trouve? au pape, car il est moine; le pape est le roi des moines, et il va à Rome essayer d'intéresser le roi des moines à son père, afin que celui-ci demande sa grâce au roi des Français.

Voilà tout, cher monsieur Salvator. Je pourrais vous laisser croire que je suis magicien; j'aime mieux vous dire tout simplement la vérité. Maintenant, vous voyez, le premier venu aurait, en marchant de déductions en déductions, mené la chose à son but aussi habilement que moi. Votre ami n'a donc plus qu'à me remercier en votre nom et au sien, et à partir pour Rome.

— Eh bien! dit Salvator, c'est ce qu'il va faire.

Puis, appelant le moine :

— Mon cher Dominique, dit-il, voici

M. Jackal prêt à recevoir vos remercîments.

Le moine s'approcha, remercia M. Jackal, qui reçut les compliments de Dominique avec la même bonhomie et la même simplicité dont il avait fait montre pendant toute cette scène.

Les deux amis sortirent de la Préfecture.

Ils firent une centaine de pas en silence.

Au bout de cent pas, l'abbé Dominique

s'arrêta et posa sa main sur le bras de Salvator pensif.

— Je suis inquiet, mon ami, dit-il.

— Et moi aussi, répondit Salvator.

— La prévenance de cet homme de police ne me paraît pas naturelle.

— Ni à moi non plus. Mais, continuons notre chemin, nous sommes probablement suivis et épiés.

— Quel intérêt croyez-vous qu'il ait eu

à faciliter ainsi mon voyage? dit l'abbé obéissant à l'injonction de Salvator.

— Je ne sais pas, mais je crois, comme vous, qu'il en a eu un.

— Ce qu'il a dit de son désir de vous être agréable, y croyez-vous?

— Eh! mon Dieu, c'est possible à la rigueur; c'est un homme étrange, qui est pris, parfois, on ne sait pourquoi ni comment, de sentiments qui ne semblent point appartenir à son état. Une nuit que je revenais à travers les quartiers perdus de la ville, j'entendis — dans une de ces rues qui n'ont point de nom, ou plutôt qui ont un nom sinistre — j'entendis au bout de la rue de la Tuerie, près de la rue de la Vieille-Lanterne, des cris étouffés. Je suis toujours armé — vous devez comprendre pourquoi, Dominique — je m'élançai du côté où j'entendais ces cris. Je vis du haut de l'escalier visqueux qui conduit de la rue de la Tuerie à la rue de la Vieille-Lanterne, un homme qui se débattait au milieu de trois hommes, lesquels essayaient, par la porte ouverte d'un égoût, de l'entraîner vers la Seine. Je ne pris pas le temps de descendre l'escalier : je me glissai par-dessous la balustrade, et je me laissai tomber dans la rue. J'étais à deux pas du groupe ; un de ceux qui le formaient s'en détacha et vint à moi le bâton levé. Il roula à l'instant dans l'égoût, tué d'un coup de pistolet. A cette vue, au bruit de la détonation, les deux autres hommes s'enfuirent, et je me trouvai avec celui au secours duquel la Providence m'avait si miraculeusement envoyé.

C'était M. Jackal.

Je ne le connaissais alors que de nom — comme tout le monde le connaît. Il me dit qui il était, et comment il se trouvait là.

Il devait opérer une descente dans une

mauvais garni qui se trouve dans la rue de la Vieille-Lanterne.

A quelques pas de l'escalier, et étant arrivé un quart d'heure avant ses agents, il se tenait caché contre la grille de l'égout, quand tout à coup la grille s'était ouverte, et trois hommes s'étaient jetés sur lui.

Ces trois hommes étaient en quelque sorte les délégués de tous les voleurs et de de tous les assassins de Paris, lesquels avaient juré de se débarrasser de M. Jackal, dont la surveillance était un fléau pour eux.

Et en effet, ils allaient tenir leur promesse et s'en débarrasser, quand, par malheur pour eux, et surtout pour celui d'entre eux qui râlait à mes pieds, j'étais arrivé au secours de M. Jackal.

Depuis ce jour, M. Jackal me garde une certaine reconnaissance et me rend à moi et à mes amis tous les petits services qu'il peut me rendre sans manquer à son devoir de chef de la police de sûreté.

—Alors il est possible en effet, dit l'abbé Dominique, qu'il ait eu l'intention de vous être agréable.

—C'est possible, mais rentrons. Voyez cet homme ivre, il nous suit depuis la rue de Jérusalem; aussitôt que nous serons de l'autre côté de la porte, il sera dégrisé.

Salvator tira une clé de sa poche, ouvrit la porte de l'allée, fit passer Dominique le premier et referma la porte derrière lui.

VI

La lettre S.

Roland avait flairé son maître. Aussi les deux jeunes gens trouvèrent-ils le chien au premier étage et Fragoletta attendant Salvator à la porte de leur appartement.

Le dîner était prêt, car le temps s'était

écoulé au milieu de ces divers événements, et il était plus de six heures.

Quoique grave, le visage des deux hommes était calme. Il ne s'était donc rien passé de réellement fâcheux.

Fragoletta interrogea Salvator du regard.

— Tout va bien! dit celui-ci avec un demi-sourire.

— Monsieur l'abbé nous fait l'honneur de partager notre dîner? demanda Fragoletta.

— Oui.

Et Fragoletta disparut.

— Maintenant, dit Salvator, donnez-moi votre passe-port, mon frère.

Le moine tira de sa poitrine le passe-port plié.

Salvator le déplia, l'examina avec soin, le tourna et le retourna, mais sans y remarquer rien de suspect.

Enfin il l'appliqua contre une vitre.

A travers la transparence du papier, une lettre invisible dans toute autre position que celle où ce papier avait été mis par Salvator, se dessina.

— Tenez, dit Salvator, voyez-vous?

— Quoi? demanda l'abbé.

— Cette lettre.

Et il montra la lettre du doigt.

— Un S?

— Oui, un S; comprenez-vous?

— Non.

— Un S est la première lettre du mot surveillance.

— Eh bien?

— Eh bien! cela veut dire : Au nom du roi de France, moi, Jackal, homme de confiance de M. le préfet de police, je recommande à tous les agents français, dans l'intérêt de Sa Majesté ; et à tous les agents étrangers, dans l'intérêt de leurs gouvernements respectifs, de suivre à la piste, de surveiller, d'arrêter sur sa route, et même au besoin d'appréhender au corps l'individu porteur du présent passe-port;

en un mot, mon ami, vous êtes, sans le savoir, sous la surveillance de la haute police.

— Que m'importe, après tout? dit l'abbé.

— Oh! faisons-y attention, mon frère, dit gravement Salvator; la manière dont a été mené le procès de votre père prouve qu'on ne serait pas fâché de s'en débarrasser, et je ne veux pas faire valoir Fragoletta, ajouta avec un imperceptible sourire Salvator, mais il n'a fallu rien moins que les hautes influences dont elle dispose, pour que vous obtinssiez votre audience, et, à la suite de votre audience, deux mois de sursis que vous a accordés le roi.

— Croyez-vous que le roi manquerait à sa parole?

— Non; mais vous n'avez que deux mois.

— C'est plus de temps qu'il ne m'en faut pour aller à Rome et pour en revenir.

— Si l'on ne vous suscite pas d'embarras, si l'on n'élève point d'empêchement sur votre route, si l'on ne vous arrête point, si enfin, une fois arrivé, on ne vous empêche point par mille intrigues invisibles de voir là-bas celui que vous y allez voir.

— Je croyais que tout moine qui, achevant un pèlerinage de quatre cents lieues, arrive à Rome pieds nus et un bâton à la main, n'avait qu'à se présenter aux portes du Vatican, et que l'escalier qui mène à l'appartement de celui qui autrefois a été un simple moine comme lui, lui serait ouvert.

— Mon frère, vous croyez encore à beaucoup de choses auxquelles successivement vous cesserez de croire. L'homme, à mesure qu'il entre dans la vie, est comme un arbre dont le vent disperse d'abord les fleurs, puis arrache les feuilles, puis brise les branches, jusqu'à ce que la tempête, qui succède au vent, le brise un beau jour lui-même. Mon frère, ils ont intérêt à ce que M. Sarranti meure, et ils emploieront tous les moyens possibles pour rendre inutile la parole que vous avez surprise au roi.

— Surprise? s'écria Dominique, regardant avec étonnement Salvator.

— Surprise à leur point de vue. Voyons, comment pensez-vous qu'ils expliquent cette influence qui a fait que madame la duchesse de Berri, la fille bien-aimée du roi, dont le mari est mort sous le coup d'un fanatique, se soit intéressée au fils d'un autre révolutionnaire, révolutionnaire et fanatique lui-même?

— C'est vrai, dit Dominique en pâlissant; mais que faire?

— C'est à quoi nous allons aviser.

— Mais comment?

— En brûlant ce passe-port, qui ne peut vous être que nuisible.

Et Salvator déchira le passe-port, dont il mit les morceaux au poêle.

Dominique le regardait avec anxiété.

— Mais maintenant, dit-il, sans passe-port, que vais-je devenir?

— D'abord, croyez-moi, frère, mieux vaudrait voyager sans passe-port que de voyager avec celui-ci; mais vous ne voyagerez pas sans passe-port.

— Qui m'en donnera un?

— Moi! dit Salvator

Ouvrant alors un petit secrétaire, il fit jouer un secret, et, parmi plusieurs papiers cachés dans ce tiroir, il prit un passe-port tout signé, mais dont les noms et le signalement étaient en blanc.

Il remplit ces noms et ce signalement.

Les noms au nom de frère Salvator.

Le signalement d'après le signalement de Sarranti.

— Mais le visa? demanda Dominique.

— Il est visé par la légation sarde pour

Turin. Je croyais aller en Italie et y aller incognito, bien entendu: Je m'étais précautionné de ce passe-port, il vous servira.

— Mais à Turin?

— A Turin, vous direz que vos affaires vous forcent à aller jusqu'à Rome, et l'on vous visera votre passe-port sans difficulté.

Le moine saisit et serra les deux mains de Salvator.

— Oh! mon frère, oh! mon ami, dit-il,

comment reconnaîtrai-je jamais tout ce que je vous dois ?

— Je vous l'ai dit, répondit Salvator en souriant, quelque chose que je fasse pour vous, je resterai toujours votre débiteur.

Fragoletta rentra ; elle entendit ces derniers mots.

— Répète à notre ami ce que je lui dis, mon enfant, fit Salvator en tendant la main à la jeune fille.

— Il vous doit la vie, mon père, je lui

dois mon bonheur. La France, dans la mesure de ce que peut un homme, lui devra peut-être sa délivrance. Vous voyez bien que la dette est immense. Ainsi, disposez de nous.

Le moine regarda les deux beaux jeunes gens.

— Vous faites le bien, soyez heureux, dit-il, avec un geste de paternelle et miséricordieuse indulgence.

Fragoletta montra la table toute servie.

Le moine s'y assit entre les deux jeunes

gens, dit gravement le *Benedicite,* qu'ils écoutèrent avec ce sourire des âmes pures, qui sont convaincues que la prière monte à Dieu.

On mangea vite et silencieusement.

Avant que le repas fût fini, Salvator, lisant l'impatience dans les yeux du moine, se leva.

— Me voici à vos ordres, mon père, dit-il; mais avant de partir, laissez-moi vous donner un talisman. Fragoletta, apporte la cassette aux lettres.

Fragoletta sortit.

— Un talisman ? répéta le moine.

— Oh! soyez tranquille, mon père, ce n'est point de l'idolâtrie ; mais vous savez ce que je vous ai dit des difficultés que vous pourriez éprouver pour arriver jusqu'au Saint-Père.

— Oui, pouvez-vous donc quelque chose pour moi là-bas ?

— Peut-être ! fit Salvator en souriant.

Puis, comme Fragoletta rentrait avec la cassette demandée :

— Une bougie, de la cire et le cachet armorié, chère enfant, dit-il.

L'enfant posa la cassette sur la table, et sortit de nouveau.

Salvator ouvrit la cassette avec une petite clé dorée qu'il portait à son cou, suspendue à une chaîne.

Elle contenait une vingtaine de lettres. Parmi ces vingt lettres, il en prit une au hasard.

Fragoletta rentrait en ce moment avec la bougie, la cire et le cachet.

Salvator inséra la lettre dans une enveloppe, la scella du cachet armorié, et écrivit sur l'adresse cette suscription :

A Monsieur le vicomte de Chateaubriand,
à Rome.

— Tenez, dit-il à Dominique, il y a trois jours que celui à qui cette lettre est adressée, las de la façon dont vont les choses en France, est parti pour Rome.

Le moine lut l'adresse.

— A M. le vicomte de Chateaubriand ? répéta-t-il.

— Oui, devant un nom comme le sien, toutes les portes s'ouvriront. Si vous croyez les difficultés insurmontables, présentez-lui cette lettre, dites-lui qu'elle vous a été remise par le fils de celui qui l'a écrite, et invoquez, au nom de cette lettre, des souvenirs d'émigration. Il marchera devant vous et vous n'aurez qu'à le suivre. Cependant, n'employez ce moyen qu'à la dernière extrémité, car il révélera un secret qui sera alors entre trois personnes, vous, M. de Chateaubriand, et nous deux Fragoletta, qui ne faisons qu'un.

— Je suivrai aveuglément vos instructions, mon frère.

— Eh bien ! alors, c'est tout ce que j'ai

à vous dire, baisez la main de ce saint homme, Fragoletta; moi, je le conduis jusqu'à la dernière maison de la ville.

Fragoletta s'approcha et baisa la main du moine, qui la regarda faire avec un doux sourire.

— Je vous renouvelle ma bénédiction, mon enfant, dit-il, soyez aussi heureuse que vous êtes chaste, bonne et belle.

Puis, comme si tous les êtres vivants de la maison avaient droit à sa bénédiction, il passa la main sur la tête du chien et sortit.

Salvator, resté en arrière, appuya doucement ses lèvres sur celles de Fragoletta, en murmurant :

— Oh! oui, chaste, bonne et belle!

Et il suivit l'abbé.

VII

A la dernière maison de la barrière Fontainebleau

Avant de partir, l'abbé avait à passer chez lui.

Les deux jeunes gens prirent donc la rue du Pot-de-Fer.

A peine avaient-ils fait dix pas, qu'un

commissionnaire, auquel un homme enveloppé d'un manteau venait de remettre une lettre, se détacha de la muraille et les suivit.

— Tenez, dit Salvator au moine, je parie que voilà un commissionnaire qui a affaire du même côté que nous.

— Nous sommes épiés alors ?

— Pardieu !

En effet, les jeunes gens se retournèrent trois fois, une fois au coin de la rue de l'Eperon, une fois au coin de la rue Saint-Sulpice et une fois à la porte de l'abbé.

Le commissionnaire avait en effet affaire au même endroit qu'eux.

— Oh! murmura Salvator, c'est un homme habile que M. Jackal ; mais comme nous avons Dieu pour nous, et qu'il n'a pour lui que le diable, peut-être serons-nous encore plus habiles que lui.

Ils entrèrent; l'abbé prit sa clé. Un homme causait avec la portière et caressait son chat.

— Regardez bien cet homme quand nous sortirons, dit Salvator en montant l'escalier de Dominique.

— Quel homme ?

— Celui qui cause avec votre portière.

— Eh bien?

— Eh bien, il nous accompagnera jusqu'à la barrière, et vous accompagnera, vous, peut-être plus loin encore.

On entra dans la chambre de Dominique.

C'était un oasis que cette chambre quand on sortait de la Conciergerie et de la Préfecture. Le soleil couchant l'éclairait à cette heure de ses plus doux rayons, les oiseaux du Luxembourg chantaient dans les marronniers en fleurs; l'air était pur, et l'on se sentait heureux rien qu'en entrant dans ce réduit.

Salvator sentit son cœur se serrer en songeant que le pauvre moine allait quitter cette atmosphère sereine pour aller errer sur les grandes routes, de pays en pays, sous le soleil brûlant du midi, sous le vent glacé de la nuit.

L'abbé s'arrêta un instant au milieu de la chambre et regarda tout autour de lui.

— J'ai été bien heureux ici, dit-il, formulant par des paroles la pensée de son âme; j'ai passé les plus douces heures de ma vie dans cette paisible retraite, où je ne demandais de plaisir qu'à l'étude, de consolation qu'à Dieu. Pareil à ces moines qui habitent le Thabor ou le Sinaï, il m'arrivait alors comme des souvenirs d'une vie passée, comme les révélations d'une vie future. J'ai vu passer ici, comme des êtres vivants, les songes les plus fleuris de ma jeunesse, les plus enchanteresses félicités de mon adolescence; je n'y demandais qu'un ami : Dieu me donna cet ami dans la personne de Colomban, Dieu me l'a ôté ! mais il vous a rendu à moi, Salvator; la volonté de Dieu soit faite !

Et ayant dit ces paroles, le moine prit

un livre qu'il mit dans la poche de sa robe ; noua autour de son habit blanc une simple corde, puis, passant derrière Salvator, il alla prendre dans un angle de la chambre un long bâton d'épine, qu'il montra à son ami.

— Je l'ai rapporté d'un triste pèlerinage, dit-il ; c'est le seul souvenir matériel qui me reste de Colomban.

Puis, comme s'il redoutait de s'attendrir et d'éclater s'il restait un moment de plus :

— Voulez-vous que nous partions, mon ami ? dit-il.

— Partons! dit Salvator en se levant.

Ils descendirent; l'homme n'était plus chez la portière, mais au coin de la rue.

Les deux jeunes gens traversèrent le Luxembourg.

L'homme les suivit.

Ils gagnèrent l'allée de l'Observatoire, prirent la rue Cassini, le faubourg Saint-Jacques, et arrivèrent ainsi, plus muets que causeurs, à travers les boulevarts extérieurs jusqu'à la barrière Fontainebleau.

Ils franchirent la barrière, suivis par les

regards curieux des douaniers et des hommes du peuple, mal habitués à la vue de la robe monacale.

Les deux amis continuèrent de marcher.

L'homme les suivait toujours.

Peu à peu, les maisons se séparèrent, puis devinrent plus rares le long de la route, puis enfin on ne vit plus, à droite et à gauche, que la plaine où commençaient à se balancer les épis.

— Où couchez-vous ce soir ? demanda Salvator.

— Dans la première maison où l'on

voudra bien me donner l'hospitalité, répondit le moine.

— Cette hospitalité, mon frère, souffrez que ce soit moi qui vous la donne.

Le moine inclina la tête en signe d'assentiment.

— A cinq lieues d'ici, continua Salvator, un peu en avant de la Cour de France, vous trouverez, à gauche, un petit sentier que vous reconnaîtrez à un poteau sur lequel vous verrez une croix blanche, ayant la forme de ce qu'on appelle, en blason, une croix pattée.

Dominique fit un second signe de tête.

— Vous suivrez ce sentier, qui vous conduira au bord de la rivière. Alors, à cent pas de là, au milieu d'un massif d'aulnes, de peupliers et de saules, vous verrez, aux rayons de la lune, blanchir une petite maison.

Sur la porte de cette maison vous reconnaîtrez une croix blanche, pareille à celle du poteau.

Dominique fit un troisième signe de tête.

— Tout près est un saule creux, continua Salvator, vous fouillerez dans le creux de ce saule et vous trouverez une clé.

C'est la clé de la porte.

Vous la prendrez et ouvrirez. Pour cette nuit et pour autant de nuits que vous voudrez, la cabane sera à vous.

Le moine n'eut pas même la peine de demander à Salvator dans quel but il avait une maison au bord de la rivière.

Il ouvrit ses bras à son ami.

Les deux jeunes gens pressèrent l'un ontre l'autre leurs deux cœurs gonflés d'émotion.

Il fallait se séparer.

L'abbé partit.

Salvator resta debout et immobile à l'endroit où il venait de quitter son ami, et le suivit des yeux tant que ses yeux purent distinguer sa forme dans les croissantes ténèbres.

Quiconque eût vu ce beau moine s'en allant paisiblement et gravement, son bâton à la main, avec sa robe éclatante de blancheur et son manteau flottant derrière lui, quiconque, disons-nous, eût vu partir ainsi à pied, pour son long et pieux pèlerinage, ce beau moine à la démarche ferme au pas égal, se fût senti saisi à la fois de compassion et de tristesse, de respect et d'admiration.

Enfin, Salvator le perdit de vue, fit un signe qui signifiait : Dieu te garde ! et redescendit vers la ville fumante et boueuse, avec un chagrin de plus et un ami de moins.

FIN DES MOHICANS DE PARIS

CAUSERIES

Études sur le cœur et le talent des poètes.

Chères lectrices,

Vous me croyiez mort, n'est-ce pas ? Plus de *Causeries*, plus de *Mohicans*, plus de *Grands hommes en robe de chambre* ?

Que fait-il donc, le prétendu infatigable ?

Ceux qui ne me connaissent pas disent :
il se repose.

Ceux qui ne savent pas mon âge disent :
il aime.

Ceux qui vivent dans ma vie disent : il
prépare.

Oui — des milliers de choses.

Vous le savez bien, chères lectrices,
entre le grain semé et le grain qui lève, il
y a le grain qui germe.

Je ne sais encore quelle moisson vous
allez avoir, et de quelle saveur elle sera

pour votre palais; mais, depuis un mois, j'ai semé bien des choses.

Vous verrez apparaître tout cela, je vous le promets, avec un beau rayon de soleil de printemps, pareil à celui qui passe par mes vitres et joue sur mon papier au moment où je vous écris, belles lectrices.

Car c'est à vous qu'il me plaît de m'adresser aujourd'hui, mesdames. — Oh! soyez tranquilles, je ne vous parlerai pas de moi.

Je vous parlerai d'un beau et fier garçon de trente ans, plein de force, de jeunesse, de santé, et je le dis hautement — car, à

cette heure, la chose m'est prouvée —
plein d'avenir.

Je vous parlerai de l'auteur de *la Dame
aux Camélias*, de l'auteur de *Diane de Lys*,
de l'auteur du *Demi-Monde*.

Je vous parlerai de M. Alexandre Dumas
fils.

C'est ainsi qu'on l'a nommé, cette nuit,
à ma grande joie, au milieu des hourras,
des applaudissements, des bravos.

Permettez-moi de me vanter de cet ouvrage-là.

Eh bien! j'ai pris la plume, croyant que j'allais tout simplement, tout bonnement, vous raconter la soirée d'hier, et voilà qu'au moment d'écrire le premier mot, le cadre s'est tout à coup agrandi. Voilà que mon compte-rendu demande à devenir une étude plus sérieuse. Voilà que l'envie me prend de vous faire connaître non seulement l'œuvre, mais encore l'auteur.

Je vais donc le prendre à vingt ans, le suivre dans des travaux de théâtre, et chercher quelle influence la vie privée a sur sa vie littéraire.

L'étude que je fais sur lui, je pourrais

la faire sur tous et sur moi-même. L'œuvre n'est que le reflet du miroir sur la muraille ; le soleil est dans notre cœur.

Suivez-moi au Théâtre-Français ; on y joue *les Demoiselles de Saint-Cyr*, je crois. Je passe dans le corridor, une porte de baignoire s'ouvre, je me sens arrêter par le pan de mon habit, je me retourne, c'est Alexandre qui m'arrête.

— Ah ! c'est toi. Bonsoir, cher.

— Viens ici, monsieur mon père.

— Tu n'es pas seul ?

— Raison de plus. Ferme les yeux, passe la tête à travers l'entrebâillement de la porte ; n'aie pas peur, il ne t'arrivera rien de désagréable.

Et, en effet, à peine avais-je fermé les yeux, à peine avais-je passé la tête, que je sentais sur mes lèvres la pression de deux lèvres frissonnantes, fiévreuses, brûlantes, je rouvris les yeux.

Une adorable jeune femme, de vingt ou vingt-deux ans, était en tête-à-tête avec Alexandre, et venait de me faire cette caresse peu filiale.

Je la reconnus pour l'avoir vue quelquefois aux avant-scènes.

C'était Marie Duplessis, *la Dame aux Camélias.*

— C'est vous, mon bel enfant, lui dis-je, en me dégageant doucement de ses bras.

— Oui, il faut vous prendre de force, à ce qu'il paraît.

— Dites-le bien haut, peut-être qu'on vous croira.

— Oh! je sais bien que ce n'est pas la réputation que vous avez; mais alors, pourquoi faites-vous le cruel avec moi? Voici deux fois que je vous écris pour vous donner rendez-vous au bal de l'Opéar.

— Devant l'horloge, à deux heures du matin.

— Vous voyez bien que vous avez reçu mes lettres.

— Sans doute, je les ai reçues...

— Pourquoi n'êtes-vous pas venu alors ?

— J'ai cru que vos lettres étaient adressées à Alexandre.

—A Alexandre Dumas, oui.

— Mais à Alexandre Dumas fils.

— Allons donc ! Alexandre est Dumas fils ; mais vous n'êtes pas Dumas père, vous ne le serez jamais.

— Je vous remercie du compliment, chère belle.

— Voyons, pourquoi n'êtes-vous pas venu ?

— Parce que, de une heure à deux heures du matin, il n'y a devant l'horloge de l'Opéra que des gens d'esprit de vingt à trente ans, ou des imbécilles de quarante à cinquante. Comme j'ai quarante ans sonnés, je serais naturellement rangé dans la dernière catégorie, par les spectateurs désintéressés, ce qui m'humilierait.

— Je ne comprends pas.

— Je vais me faire comprendre. Une belle fille comme vous ne feint de donner un rendez-vous d'amour aux hommes de mon âge que si elle a besoin d'eux. A quoi puis-je vous être bon ? — Je vous offre la protection et vous tiens quitte de l'amour.

— Eh bien ! quand je te le disais ! fit Alexandre.

— Eh bien alors! dit Marie Duplessis avec un charmant sourire et en voilant ses yeux de ses longs cils noirs, nous irons vous voir, n'est-ce pas, monsieur ?

— Quand vous voudrez, mademoiselle.

— Et, m'inclinant, je la saluai, comme j'eusse salué une duchesse.

Quand la femme est honnête, c'est pour elle qu'on la salue ainsi; quand elle ne l'est pas, c'est pour soi.

La porte se referma — et je me retrouvai dans le corridor.

Ce fut la seule fois que j'embrassai Marie Duplessis : c'est la dernière fois que je la vis.

J'attendais toujours Alexandre et la belle courtisane.

Au bout de quelques jours, il vint seul.

— Eh bien ! lui demandai-je ?

— Ah ! oui, Marie, n'est-ce pas?

— Pourquoi ne l'as-tu pas amenée ?

Sa toccade est passée ; elle voulait entrer au théâtre — c'est leur rêve à toutes

— mais au théâtre, tu comprends, il faut étudier, répéter, jouer — c'est un grand travail à entreprendre, une grande résolution à arrêter; — il est bien plus facile de se lever à deux heures de l'après-midi, de s'habiller, de faire un tour au bois, de revenir dîner au *Café de Paris* ou Aux *Frères Provençaux*, d'aller, de là, passer la soirée dans une avant-scène du Palais-Royal, du Vaudeville ou du Gymnase; de souper en sortant du théâtre, de rentrer à trois heures du matin chez soi — ou chez les autres — que de faire le métier que fait mademoiselle Mars. La débutante a trouvé un Anglais et a oublié sa vocation; puis, ajouta Alexandre d'un air assez triste, puis je te dirai que je la crois malade...

— De la poitrine?

— Oui... on n'en est pas encore sûr, mais on le saura bientôt. Avec la vie qu'elle mène, on passe vite des probabilités aux certitudes.

— Pauvre fille!....

— Ma foi! tu as raison de la plaindre, elle est fort au-dessus du métier qu'elle fait...

— Tu ne l'aimes pas d'amour, j'espère?

— Non, je l'aime de pitié.

Nous ne parlâmes plus jamais de Marie Duplessis.

Un jour, il entra tout triste.

— Qu'as-tu donc? lui dis-je.

— Tu sais, la pauvre enfant qui t'a donné un si bon baiser dans la baignoire du Théâtre-Français...

— Oui... Eh bien?

— Elle est morte.

Je répétai la même exclamation qui m'était échappée un an auparavant :

— Pauvre fille ! morte !

— Morte tristement, misérablement, comme meurent ces malheureuses créatures ; tout était saisi chez elle, excepté son lit d'agonie... C'est une belle chose que la loi qui réserve la couchette et les matelas, sans quoi elle serait morte sur le parquet... On avait enlevé les tapis, dans huit jours, on vend chez elle.

— Tu ne l'as pas vue mourir ?

— J'étais à la campagne.... Il paraît qu'elle a parlé de moi. J'ai revu l'appartement, hier, et, cette nuit, j'ai fait des vers là-dessus.

— Les sais-tu ?

— Oui.

— Dis-les moi.

— Ah! ma foi non! Je pleurais en les faisant, je pleurerais en les lisant... Tiens, je les ai copiés... tu les liras, toi... Oh! il y aurait un beau livre à faire sur la vie dont on meurt.

— Eh bien! fais-le.

— Peut-être essaierai-je... Adieu, père!

— Où vas-tu?

— Au cimetière. Je lui dois bien une dernière visite... Pauvre charmante enfant!

Et il sortit, essuyant une larme.

Voici les vers qu'il avait faits pendant la nuit. Qu'on n'oublie point qu'Alexandre, lorsqu'il les fit, avait vingt ans à peine:

Nous nous étions brouillés, et pourquoi? Je l'ignore;
Pour rien... pour le soupçon d'un amour inconnu.
Et moi qui vous ai fuie! Aujourd'hui je déplore
De vous avoir quittée et d'être revenu.

Je vous avais écrit que je reviendrais, madame,
Pour chercher mon pardon, vous voir à mon retour,
Car je croyais devoir, et du fond de mon âme,
Ma première visite à mon dernier amour.

Et quand mon âme accourt, depuis longtemps absente,
Votre fenêtre est close et votre seuil fermé,
Et voilà qu'on me dit qu'une tombe récente
Couvre à jamais le front que j'avais tant aimé.

On me dit froidement qu'après une agonie
Qui dura quatre mois, le mal fut le plus fort,
Et la fatalité jette avec ironie,
A mon espoir trop prompt, le mot de votre mort.

J'ai revu, me courbant sous mes lourdes pensées,
L'escalier bien connu, le seuil foulé souvent,
Et les murs qui, témoins des choses effacées,
Pour lui parler du mort, arrêtent le vivant !

Je montai, je rouvris en pleurant cette porte,

Que nous avions ouverte en pleurant tous les deux,

Et, dans mes souvenirs, j'évoquai, chère morte,

Le fantôme voilé de tous nos jours heureux.

Je m'assis à la table où, l'un auprès de l'autre,

Nous revenions souper aux beaux soirs du printemps,

Et de l'amour joyeux, qui fut jadis le nôtre,

J'entendais chaque objet parler en même temps.

Je vis le piano, dont mon oreille avide

Vous écouta souvent éveiller le concert,

Votre mort a laissé l'instrument froid et vide,

Comme en partant l'été laisse l'arbre désert.

J'entrai dans le boudoir, cette oasis divine

Qui nous réjouissait de ses mille couleurs;

Je revis vos tableaux, vos grands vases de Chine,

Où se mouraient encore quelques bouquets de fleurs

J'ai retrouvé la chambre à la fois douce et sombre !
Et là le souvenir veillait fort et sacré.
Un rayon éclairait le lit dormant dans l'ombre,
Mais vous ne dormiez plus dans le lit éclairé !

Je m'assis à côté de la couche déserte,
Triste à voir comme un nid l'hiver au fond des bois,
Et je rivai mes yeux à cette porte ouverte,
Que vous aviez franchie une dernière fois.

La chambre s'emplissait de chaleur odorante,
Des souvenirs joyeux et pâles ; j'entendais
Le murmure alterné de l'horloge ignorante,
Qui sonnait autrefois l'heure que j'attendais !

Je rouvris les rideaux qui, faits de satin rose,
Et voilant le matin le soleil à demi,
Permettaient seulement ce rayon qui dépose
La joie et le réveil sur le front endormi.

Or, c'est là qu'autrefois, ma chère ombre envolée,
Nous restions tous les deux lorsque venait minuit ;
Et depuis ce moment jusqu'à l'aube éveillée,
Nous écoutions passer les heures de la nuit.

Alors vous regardiez, éclairée à sa flamme,
Le feu comme un serpent, dans le foyer courir,
Car le sommeil fuyait de vos yeux, et votre âme
Souffrait déjà du mal qui vous a fait mourir.

Vous souvient-il encor dans le monde où vous êtes
Des choses de la terre ? — et sur les froids tombeaux —
Entendez-vous passer ce cortége de fêtes
Où vous vous épuisiez pour trouver le repos ?

Vous souvient-il des nuits où, brûlante, amoureuse,
Tordant sous les baisers votre corps éperdu,
Vous trouviez consumée à cette ardeur fiévreuse,
Dans vos sens fatigués, le sommeil attendu ?

Ainsi qu'un ver rongeant une fleur qui se fane,
L'incessante insomnie étiolant vos jours,
Et c'est ce qui faisait de vous la courtisane
Prompte à tous les plaisirs, prête à tous les amours.

Maintenant, vous avez parmi les fleurs, Marie,
Sans crainte du réveil, le repos désiré,
Le Seigneur a soufflé sur votre âme flétrie,
Et payé d'un seul coup le sommeil arriéré.

Pauvre fille! on m'a dit qu'à votre heure dernière,
Un seul homme était là pour vous fermer les yeux,
Et que sur le chemin qui mène au cimetière,
Vos amis d'autre fois étaient réduits à deux!

Eh bien! soyez bénis, vous deux qui, tête nue,
Méprisant les conseils de ce monde insolent,
Avez jusques au bout, de la femme connue
En vous donnant la main mené le convoi blanc!

Vous qui l'avez aimée et qui l'avez suivie,
Qui n'êtes point de ceux qui, duc, marquis ou lord,
Se faisant un orgueil d'entretenir sa vie,
Se sont fait un orgueil d'accompagner sa mort.

Vous le voyez, belles lectrices, toute l'histoire de la pauvre Marie Duplessis était là.

De cette triste méditation, inspirée par la chambre vide, par l'appartement désert, par la pendule qui continue de marquer l'heure de la vie, même après que l'heure de la mort a sonné, est né d'abord le roman; puis le drame de *la Dame aux Camélias*.

Vous avez toutes lu le livre, mes belles

lectrices, vous avez toutes applaudi la pièce, je n'ajouterai donc qu'un mot.

C'est que vous n'avez point pleuré en lisant le livre une morte idéale, c'est qu'en applaudissant la belle, la gracieuse, la dramatique madame Doche, vous n'avez pas applaudi une fiction de poète, mais une pauvre créature de Dieu, montrée un instant par lui à ce monde et bientôt retirée de ce monde par lui.

Qui penserait à toi, aujourd'hui, pauvre Marie Duplessis, si par hasard, pendant ta courte apparition dans ce monde, tes lèvres n'avaient pas touché les lèvres de deux poètes ?

Je vous ai parlé aujourd'hui, belles lectrices, de *la Dame aux Camélias*, demain je vous raconterai *Diane de Lys, la Dame aux Perles*, après-demain, *la Baronne d'Ange, la Reine du Demi-Monde.*

Diane de Lys, ou la Dame aux Perles.

Franchissons d'un bond trois ou quatre années, sautons par-dessus la révolution de 1848 comme si au lieu d'être un abîme, ce n'était qu'un simple fossé, et entrons dans une chambre à coucher de garçon de la rue de la Ville-l'Évêque.

La chambre est complètement tendue en perse mauve, avec de gros bouquets de lilas et de roses trémières; des canapés font le tour des murailles; des coussins sont entassés en piles sur le parquet; le tapis est moelleux.

A la chambre attient une petite serre à laquelle on monte par deux marches.

Les murailles sont tapissées de camélias qui s'étagent jusqu'au plafond.

Elle est éclairée seulement par une lampe à verre dépoli.

En hommes, il y a le maître de la maison, un jeune Russe nommé Vladimir, Méry, le comte Dorset, Clésinger, mon fils et moi.

En femmes, il y a..... de charmantes femmes.

Une belle enfant, aux cheveux blonds, aux yeux bleus, à la taille frêle tout étonnée de se trouver noyée au milieu d'une conversation dont la plupart du temps elle ne comprend pas les ondoyants contours, pose à la fois pour Clésinger et Dorset qui, chacun à son point de vue, font d'elle un portrait aux trois crayons.

Sous le crayon de Dorset, elle se poétise, et s'amincit encore.

C'est une de ces frêles Anglaises comme on en voit dans les vignettes du Strand, assise au bord de la mer et laissant, pensive, enlever à la brise de l'Océan la fleur attardée dans ses cheveux.

Sous le crayon de Clésinger, elle s'accentue, prend des formes arrêtées, puissantes, vigoureuses, la chair se fait marbre, l'ondine devient statue.

Étrange façon dont apparaît la même femme aux regards de deux artistes, quand l'un cherche la grâce, l'autre la force; l'un le joli, l'autre le beau.

On fumait, on prenait du thé.

Il va sans dire que je prenais du thé, mais que je ne fumais pas.

Méry était, comme toujours, éblouissant d'esprit, Dorset était gentilhomme jusqu'au bout des ongles, Clésinger rêvait à son Andromède, j'étais triste, Alexandre était préoccupé.

De temps en temps, mais comme par accident, son esprit, ordinairement si vif, un peu languissant ce soir-là, allait heurter celui de Méry, et alors du choc jaillissaient des étincelles qui, tombant sur l'esprit rêveur des autres, y allumait une flamme passagère.

A onze heures, Alexandre s'approcha de moi.

— Est-ce que la fumée des cigares ne te fait point mal ce soir? me dit-il.

— Elle me fait toujours mal, ce soir comme les autres jours. Mais que voulez-vous! puisque votre génération ne peut plus vivre que dans les tabagies, il faut bien que les autres s'habituent à respirer de la fumée, au lieu de respirer de l'air.

— Voyons, j'ai pitié de toi, veux-tu que nous nous en allions?

— Je ne demande pas mieux.

— Viens, alors.

Nous nous levâmes, nous prîmes nos chapeaux, et, au milieu des instances du maître de la maison pour nous faire rester, nous donnâmes la main aux hommes, baisâmes les femmes au front, et sortîmes.

— Pouah ! fis-je en secouant mon paletot pour en faire sortir l'odeur de la fumée, et, aspirant l'air de la rue à pleins poumons, qui m'aurait jamais dit que je trouverais un jour que cela sentait bon dans les rues de Paris ?

— Allons ! te voilà à cheval sur ton dada, me dit Alexandre. Comment donc faisais-tu pour fumer en Afrique ?

— En Afrique, mon cher, je fumais du

tabac du Sinaï, dans lequel je râpais de
l'aloës. Je le fumais dans une chibouque
à tuyau de cerisier et à bouquin d'ambre,
circonstances qui faisaient de la fumée un
parfum, au lieu d'en faire une infection.
Oh! les Orientaux sont une race trop
sensuelle pour se noyer, comme nous,
dans la nicotine pure. Par bonheur, et
comme compensation, il y avait chez Wladimir d'excellent thé.

— Tu aimes donc toujours le thé?

— Autant que je déteste le tabac.

— Veux-tu que je t'en fasse prendre de
meilleur encore que chez Wladimir?

— C'est difficile.

— Pourvu que ce soit possible, c'est tout ce qu'il faut.

— Quand?

— Ce soir!

— Où?

— Dis oui ou non.

— Oui!

— Viens alors.

— Chez qui?

— Ne t'inquiète pas, c'est moi qui te présente.

— Alors, c'est chez une femme ?

— Qui désire te connaître.

— Soit !

— Allons.

Nous nous sommes habitués, Alexandre et moi, à ces mutuelles et fréquentes présentations à des inconnues sur lesquelles nous ne nous demandons jamais d'autres renseignements que ceux que nous jugeons à propos de donner sans qu'on nous les demande.

Je le suivis donc aveuglément, aussi aveuglément que trois ou quatre ans auparavant j'avais, dans un couloir du Théâtre-Français, passé ma tête par l'entrebâillement de la porte d'une baignoire.

Nous arrivâmes...

A quoi bon dire où nous arrivâmes ?

La maison aux sculptures artistiques ne m'était point étrangère, et une fois entré sous la grande porte, c'est moi qui eusse pu servir de guide à un étranger.

— Tiens ! dis-je, je connais cela.

— C'est possible, répondit Alexandre, c'est une de ces élégantes maisons parisiennes qu'on loue toutes garnies à des étrangers. Peut-être y es-tu venu voir quelque ami étranger ou quelque amie étrangère.

— Montons!

Nous montâmes. Alexandre s'arrêta devant la porte du premier étage et sonna.

Une espèce de chasseur vint ouvrir.

— La comtesse y est-elle? demanda Alexandre.

— Oui, monsieur.

— C'est bien !

Il ôta son paletot et me signe d'en faire autant.

Je jetai mon paletot sur celui d'Alexandre.

— Qui annoncerai-je ? demanda le chasseur en me regardant.

— N'annoncez pas.

Le chasseur se rangea, nous passâmes.

Nous traversâmes deux pièces mollement éclairées et dans lesquelles était répandue une vague odeur de benjoin.

Je connaissais l'appartement à l'intérieur comme j'avais reconnu la maison à l'extérieur.

Alexandre entre-bâilla une porte.

— Visible ? demanda-t-il.

— Oui ; pourquoi demandez-vous cela ?

— Parce que je ne suis pas seul.

— Qui donc m'amenez-vous, quand je n'attends que vous ?

— Un autre moi que moi, mais qui est toujours un peu moi.

— Ah! votre père... Qu'il entre!

— Entre et embrasse.

J'entrai.

Une femme de vingt-quatre à vingt-cinq ans, vêtue d'un peignoir de mousseline brodée, chaussée de bas de soie rose et de pantoufles de Kasan; ses longs et magnifiques cheveux noirs dénoués et s'écoulant en ondes de ses épaules à ses hanches et de ses hanches à ses genoux, était couchée sur une causeuse de damas couleur paille.

Je m'approchai du canapé, je mis un genou en terre et je baisai la main qu'on m'offrait.

— Te voilà présenté, dit Alexandre.

Je voulus me relever.

— Non! restez là, dit-elle. Je sais que vous aimez la vie horizontale. Passez des coussins à votre père.

Alexandre me passa des coussins.

La comtesse se rangea un peu pour que je pusse appuyer mon coude sur le bord de son canapé.

Alexandre s'appuya au dossier, et se mit à jouer avec les cheveux de la comtesse.

Elle jouait elle-même avec un magnifique collier.

— Tu sais comment je l'appelle? demanda Alexandre.

— Non. Comment l'appelles-tu ?

— La *Dame aux Perles*.

En effet, la comtesse avait au cou un triple fil de perles. Elle avait des perles aux bras, elle en avait dans les cheveux, je regardai si elle n'en avait pas aux pieds.

— Oui, dit-elle, j'avoue que c'est la parure que je préfère. On peut la porter toujours, en robe de bal comme en peignoir. Des diamants, ce sont des bijoux; des perles, ce sont des amies.

Elle avait pour deux cent mille francs de perles roulées autour d'elle.

— Vous savez que mon père adore le thé, et que je lui ai promis chez vous du thé comme il n'en avait jamais pris.

La comtesse sonna. Une femme de chambre anglaise parut.

— Henriette, du thé jaune, dit-elle.

La femme de chambre referma la porte.

— Tu vas voir, dit Alexandre, tout se fait par enchantement ici.

En effet, la porte se rouvrit. La femme de chambre rentra, posa un plateau tout garni sur la table ronde, approcha la table du canapé et se retira de nouveau.

La comtesse se souleva indolemment

sur le coude. Il était facile de voir à ses mouvements onduleux qu'elle n'avait point de corset.

Elle versa le thé, y laissa tomber la crème et le sucre.

A la seconde tasse, elle resta un instant la théière suspendue, immobile et écoutant.

Alexandre la regardait.

Ils échangèrent un sourire.

— C'est lui? demanda Alexandre.

— Je le présume.

— Il rentre ?

— Probablement.

— Et il se couche ?

— Mais il me semble que c'est ce qu'il a de mieux à faire. Prenez-vous du thé ?

— Non, je cède ma part à mon père.

— Connaissez-vous les vers qu'il m'a faits hier? me demanda la comtesse.

— Non, il n'a pas encore eu le temps de me les dire.

— Ils sont charmants !

— Bon ! dit Alexandre, on sait cela, allez ! Les femmes trouvent toujours charmants les vers que l'on fait pour elles.

— Dites-les, il jugera.

— Je n'aime pas dire des vers à mon père, cela m'intimide.

— Dites toujours, votre père boit son thé et ne vous regardera pas.

—J'aimerais mieux qu'il n'écoutât point.

— Allons, va donc, fis-je à mon tour en haussant les épaules.

Alexandre, avec une voix en effet légèrement tremblante, commença :

Hier, nous sommes partis au fond d'une voiture,
Enlacés l'un à l'autre ainsi que deux frileux,
Emportant, à travers une sombre nature,
Le printemps éternel qui suit les amoureux.

Nous avions confié le sort de la journée
Au cocher qui devait nous mener au hasard,
Où bon lui semblerait, et notre destinée
Reposait dans ses mains, à compter du départ.

Cet homme pour Saint-Cloud avait des préférences,
Eh bien, va pour Saint-Cloud, c'est un charmant pays !
D'ailleurs, quand nous mêlons nos douces confidences,
Peu m'importe l'endroit, je suis bien où je suis.

A la grille du parc, il nous fit donc descendre.
Le parc était désert, triste et silencieux ;
Le vent roulait au ciel des nuages de cendre,
Les arbres étaient noirs et les chemins boueux

Nous nous mîmes à rire. En vérité, madame,
C'était risible à voir, mais on ne voyait pas,
Et j'en suis enchanté, la belle et noble dame
Qui relevait sa robe et découvrait ses bas.

Vous aviez l'embarras, embarras plein de grâce,
Des femmes comme il faut, qui marchent n'ayant pas
L'habitude d'aller à pied, et votre race
Aurait pu se prouver rien que par vos faux pas.

Vous teniez d'une main votre robe de soie
Relevée en deux plis par-devant. Vos jupons,
Dentelés et brodés, se donnaient cette joie
De rire avec la boue, en battant vos talons.

Vos pieds, à chaque instant, s'enfonçaient dans la terre,
Comme si cette terre eût voulu vous garder.
Pour les en retirer, c'était toute une affaire,
Et vous n'aviez pas trop de moi pour vous aider.

La belle promenade et la charmante chose
Que l'amour dans un bois par un temps pluvieux !
La bise vous faisait un petit nez tout rose,
Empourprait votre joue et mouillait vos grands yeux.

Eh bien, c'était charmant plus qu'en la saison verte.
Le parc était à nous, à nous seuls, à nous deux !
Pas un visage humain sur la route déserte,
Pas d'importun témoin qui nous cherchât des yeux !

Nous avons traversé les longues avenues
Que terminait toujours le même horizon gris,
Sans même regarder les déesses connues
Posant en marbre blanc sous les arbres maigris.

Nous sommes arrivés près d'un bassin où rôde
Un cygne encor plus blanc que le lait, et nageant
Silencieusement ; et, comme une émeraude,
L'eau verte réflétait le bel oiseau d'argent.

Il vint nous demander quelque chose, une miette
De pain, et pour nous plaire il tordait son long cou :
Vous lui dîtes alors : « Pauvre petite bête,
Je ne le savais pas et je n'ai rien du tout. »

Si bien qu'il nous quitta, nous méprisant sans doute,
Et s'en alla, rayant le miroir du bassin,
A côté du jet d'eau, qui, tombant goutte à goutte,
Faisait à lui seul tout le bruit du jardin.

Nous restâmes alors appuyés l'un à l'autre,
Regardant le beau cygne, écoutant le jet d'eau.
La tristesse du bois faisait cadre à la nôtre,
Et le soir commença d'étendre son rideau.

Dans ma poche je pris une clé de ma chambre,
Et sur un piédestal, plein de mots au crayon,
A mon tour, j'incrustai ces mots : *trente décembre*,
Puis auprès de ces mots je gravai votre nom.

Maintenant, quand l'été va rire dans les arbres,
Quand les promeneurs repeupleront le bois,
Quand les feuilles auront leurs reflets sur le marbre,
Quand le parc sera plein de lumière et de voix,

A la saison des fleurs enfin, j'irai, madame,
Revoir le piédestal portant le nom tracé,
Ce doux nom dans lequel j'emprisonne mon âme,
Et que le vent d'hier a peut-être effacé.

Qui sait où vous serez alors, ma voyageuse ?
Je serai seul peut-être, et vous m'aurez quitté !
Aurez-vous donc repris votre route joyeuse,
En me laissant l'hiver au milieu de l'été ?

Car l'hiver, ce n'est point la bise et la froidure,
Et les chemins déserts qu'hier nous avons vus ;
C'est le cœur sans rayons, c'est l'âme sans verdure,
C'est ce que je serai, quand vous n'y serez plus.

Je quittai les deux beaux et insoucieux enfants à deux heures de la nuit; priant le dieu des amants de veiller sur eux; car eux, comme on le voit n'y veillaient guère.

Quinze jours après, Alexandre entrait à six heures du matin, dans ma chambre.

— Tu es là, père? me demanda-t-il.

— Oui ! qu'as-tu ?

Sa voix était altérée, il ouvrit les rideaux, je vis qu'il était pâle.

— As-tu de l'argent ? me demanda-t-il à son tour sans répondre à la question.

— Trois ou quatre cents francs, peut-être ; ouvre le tiroir, et vois toi-même.

Il ouvrit le tiroir.

— Trois cent vingt francs, avec ce que j'avais chez moi, cela fait six cents francs : c'est plus qu'il ne faut pour partir. Peux-tu me donner un crédit quelconque sur l'Allemagne?

— Mille francs, si tu veux, à Bruxelles, sur Méline et Cans. Ce sont des amis à moi qui ne te laisseront pas dans l'embarras.

— C'est bien ! d'ailleurs si j'en ai besoin, tu me feras passer de l'argent en Allemagne. Je t'écrirai dès que je m'arrêterai quelque part.

— Et tu vas ?

— Je te le dirai en revenant.

Nous nous embrassâmes et il partit.

Prenez maintenant, chères lectrices, *la Dame aux Perles*, édition in-8°, page 82, ligne 16, lisez jusqu'à la fin, et vous aurez l'histoire tout entière, sauf cette légère variante, que la Dame aux Perles ne mourut pas.

L'absence d'Alexandre dura près d'un an.

Un jour, j'étais assis, ou plutôt couché sur l'herbe, regardant, des hauteurs de Monte-Cristo, flamboyer dans la Seine qui semblait rouler du feu, les derniers rayons du soleil couchant, lorsque je vis apparaître, montant une pente rapide, un jeune homme qui ressemblait au duc de Nemours.

A dix pas de moi, il s'arrêta.

— Eh bien ! tu ne me reconnais pas ? me demanda-t-il.

— Ah ! sacrebleu, c'est toi ! m'écriai-je en bondissant vers lui. Mais tu as donc changé de figure ?

— Non, mais je m'ennuyais tant à Myslowich, que j'ai, pour me distraire, laissé pousser ma barbe et mes moustaches. Bonjour, papa !

Nous nous embrassâmes, il s'assit sur l'herbe près de moi, et me raconta tout son voyage.

Le lendemain, après le déjeûner, il me quitta pour aller à Saint-Cloud.

Puis le soir il revint.

— Tiens, me dit-il en me donnant un papier tout crayonné, voici le pendant des vers que je t'ai lus il y a un an.

Voici les vers :

Un an s'est accompli depuis cette journée
Où nous fûmes, au bois, nous promener tous deux.
Hélas ! j'avais prévu la triste destinée
Qui devait succéder à quelques jours heureux.

Notre amour ne vit pas la saison près de naître !
A peine un doux rayon de soleil luisait-il,
Que l'on nous séparait; et, pour toujours peut-être,
A commencé le double et douloureux exil.

Moi, j'ai vu ce printemps sur la terre lointaine,
Sans parents, sans amis, sans espoir, sans amour,
Les yeux toujours fixés sur la route prochaine
Par où tu m'avais dit que tu viendrais un jour.

Que de fois mon regard a sondé cette route
Qui se perdait parmi des forêts de sapins,
Moins obcurs, moins épais, moins tristes que le doute
Qui m'escortait depuis un mois sur les chemins.

A quoi bon ce soleil qui fleurissait les branches,
Réchauffait la nature et les champs assoupis ?
Marguerites, à quoi servaient vos têtes blanches,
Plus hautes en avril que les jeunes épis ?

A quoi bon les senteurs de la colline grasse ?
A quoi bon ces oiseaux caquetant leurs chansons ?
Que me faisaient à moi, le cœur pris sous la glace,
La chaleur de la terre et les nids des buissons ?

Qu'à jamais le soleil se voile s'il éclaire,
En vain, le long chemin au bout duquel j'attends ;
S'il ne ramène pas ce que mon âme espère,
l n'est pas le soleil, il n'est pas le printemps !

Marguerites, tombez et mourez dans la plaine,
Perdez vos doux parfums et vos tendres couleurs,
Si celle que j'attends n'aspire votre haleine :
Vous n'êtes pas l'été, vous n'êtes pas les fleurs !

Oh ! je préfère à vous l'hiver morose et sombre,
Avec ses arbres noirs et ses sentiers déserts,
Avec son œil éteint qui s'entr'ouvre dans l'ombre,
Et qui, sans nous toucher, expire dans les airs.

C'est là le vrai soleil des âmes désolées ;
Rendez-moi donc l'hiver, nous nous connaissons bien ;
Ma tristesse est la sœur de ses longues allées,
Et le feu de mon cœur est froid comme le sien.

C'est ainsi que, dès l'aube, assis à ma fenêtre,
Je parlais, maudissant et le soleil et Dieu ;
Puis, le jour commençait, j'espérais une lettre
Qui m'eût fait pardonner au ciel d'être si bleu.

Et le jour s'enfuyait comme avait fui la veille.
Rien ! — pas un mot de vous, — l'horizon bien fermé
Ne laissait même pas venir à mon oreille
L'écho doux et lointain de votre nom aimé.

Seul pendant six longs mois, le jour, le soir, dans l'ombre,
Sans écho que mon cœur ma bouche vous nomma.
Entrant à chaque pas dans une nuit plus sombre
Et plus triste, disant sans cesse : *O mon Emma*

Un morceau de papier, c'est pourtant peu de chose;
Quatre ligne dessus, ce n'est pourtant pas long.
Si l'on ne veut écrire, on peut prendre une rose,
Éclose, le matin, dans un pli du vallon ;

On la peut effeuiller au fond d'une enveloppe,
La jeter à la poste ; et, l'exilé venu
Du fond de son pays presqu'au bout de l'Europe,
Peut sourire, en voyant que l'on s'est souvenu !

Que de fois vous avez oublié de le faire !
Et, chaque jour, c'était un désespoir nouveau.
Mon cœur se desséchait comme ces fruits qu'on serre,
A la fin de l'été, dans l'ombre d'un caveau.

Si l'on pressait ce cœur aujoud'hui, c'est à peine
S'il en pourrait jaillir une goutte de sang.
Il n'y reste plus rien ; c'était la coupe pleine
Qu'un enfant maladroit fait tomber en passant.

Nous voici revenus à la fin de l'année,

Et le temps patient, qui ne s'arrête à rien,

Nous rend le même mois et la même journée,

Où vous parliez d'amour, votre front près du mien.

C'est bien le même aspect : les routes sont désertes,

Le givre, de nouveau, gerce les étangs bleus.

Les arbres ont usé leurs belles robes vertes,

Le cygne rôde encor triste et silencieux.

Voilà votre doux nom que ma main vient d'écrire ;

Il est là qui sourit, dans le marbre incrusté !

Allons ! j'ai fait un rêve, et j'étais en délire ;

Allons ! j'étais un fou ! tu ne m'as pas quitté.

La voiture, là-bas, nous attend à la grille :

Partons ! et, s'il fait beau, nous reviendrons demain.

Baisse ce voile noir sur ton regard qui brille,

Prends garde de glisser, et donne-moi la main.

Car il a plu. La pluie a détrempé les terres.
Approche donc? Hélas! mes sens sont égarés;
Les feuilles que je foule, aux chemins solitaires,
Sont celles du printemps qui nous a séparés.

Non! non! tu n'es plus là, toi que j'appelle et j'aime!
J'ai pris le souvenir pour la réalité!
Et loin de cet amour, encor, toujours le même,
J'ai vécu deux hivers de suite sans été.

Car l'été, ce n'est pas cette saison qui dure
Six mois, et que novembre éteint d'un pied transi.
C'est du cœur rayonnant l'éternelle verdure;
C'est ce que je serai quand tu seras ici.

Six mois après, vers le commencement de 1853, paraissait le roman de *la Dame aux Perles*.

Le 15 novembre 1853, on représentait sur le théâtre du Gymnase le drame de *Diane de Lys*.

Le roman réussit, le drame eut un grand succès.

Voici l'histoire de la création, gestation et naissance de *Diane de Lys*, aussi fidèlement racontée que celle de *la Dame aux Camélias*.

Passons à celle de Suzanne d'Ange, la principale héroïne du DEMI-MONDE.

Suzanne d'Ange.

Nous en sommes, je crois à Suzanne d'Ange.

Non, je me trompe, nous en sommes à la cinquième ou sixième représentation de *Monte-Cristo*.

J'étais sur le Théâtre-Historique, et, pendant un entr'acte, je regardais dans la salle par le trou de la toile.

Je cherchais des yeux Alexandre, qui, dans la matinée, m'avait fait demander une petite avant-scène.

Je voulais voir s'il était à son poste.

Il y était, et, selon son habitude, avec une charmante femme.

Il se douta que c'était moi qui regardais de son côté, et me fit un signe.

Dix secondes après, je me faisais ouvrir sa loge.

— Arrive ici, me dit-il, car, en vérité, je ne sais pas comment cela se fait, j'ai l'air du portier chargé de tirer le cordon sur ta célébrité. Aussitôt que j'ai une femme au bras, la première chose qu'elle fait, c'est de relever sa robe pour ne pas se crotter ; la seconde, c'est de me demander que je te présente à elle.

Puis se retournant.

— Tenez, madame, soyez satisfaite, j'ai l'honneur de vous présenter monsieur mon père, un grand enfant que j'ai eu quand j'étais tout petit. Mon père, je te présente madame Adriani, née à Ischià, golfe de Naples, veuve avec douze mille livres de rente et les yeux de l'emploi, comme tu peux voir.

En effet, ce qu'il y avait surtout de remarquable dans la très remarquable beauté de madame Adriani, c'étaient des yeux magnifiques, dont l'éclat était encore rehaussé par une légère ligne de koheul, artistiquement appliqué sur l'épaisseur de la paupière.

Cette femme était réellement belle, même dans l'acception classique du mot.

La ligne générale du visage était grecque, avec l'animation romaine. On eût dit un marbre de Paros doré par le soleil du Latium.

Nous nous assîmes dans le fond de la loge, nous causâmes en italien d'Ischia, de Procida, de Sorrente, de Capri, de Naples, de tous ces caps, de tous ces promontoires, de tous ces villages, de toutes ces villes aux doux noms qu'on devine en rêve quand on ne les connaît pas, qu'on revoit en souvenir quand on les connaît.

Au bout d'une demi-heure, je pris congé d'Alexandre et de madame Adriani.

Alexandre me reconduisit jusque dans le corridor.

— Eh bien ! me demanda-t-il, qu'en dis-tu ?

— Elle est superbe !

— Mais comme manières ?

— Elle me fait l'effet d'une femme du monde.

— Et comme veuve ?

— Une femme de vingt-cinq ans qui vient en avant-scène avec nous est toujours veuve peu ou prou.

— Moi, je la crois de Marseille.

— Eh bien ! mais je ne l'en aimerais que mieux ; elle serait la compatriote de Méry et la descendante des Phocéens. Et pourquoi la crois-tu de Marseille ?

— Elle parle trop bien l'italien pour une Italienne.

La remarque était pleine de profondeur. les Italiennes, en général, parlent avec un accent plus ou moins désagréable le patois de leur province; mais rarement elles parlent l'italien, le véritable italien, l'italien de Florence, corrigé par la prononciation romaine.

Comme je mettais la clé dans la serrure du théâtre :

— A propos, déjeûnes-tu chez toi demain? me demanda Alexandre.

— Oui.

— Fais mettre deux couverts, et aie quelques chatteries de petite fille. J'irai probablement déjeûner avec toi et te conduirai *une convive*.

— Madame Adriani?

— Non, son portrait par madame de Mirbel, plus fin, plus joli, mais ressemblant, tu verras.

Je suivis les instructions données.

A onze heures, Alexandre arriva avec une adorable petite fille de neuf à dix ans.

C'était bien, comme il l'avait dit, une miniature de madame de Mirbel.

— Je te présente la filleule de madame Adriani, me dit-il en appuyant sur la première syllabe du mot filleule, mademoiselle Marcelle.

— Venez ici, mademoiselle Marcelle, que l'on vous embrasse.

— Volontiers, mais à une condition, monsieur.

— Laquelle, mademoiselle?

— C'est que vous me laisserez vous regarder tout à mon aise.

— Mon cher enfant, rappelez-vous que

c'est une faveur que bien des gens vous demanderont plus tard à vous-même.

— Je ne comprends pas.

— Je l'espère bien, et pourquoi voulez-vous me regarder tout à votre aise?

— Parce que l'on m'a dit que vous étiez un grand homme.

— Je vous remercie infiniment, mademoiselle, venez dans mes bras, vous me verrez de plus près, et je vous porterai du même coup à table.

On n'a pas idée de la gentillesse et de

l'esprit de cette enfant, qui doit avoir aujourd'hui quelque chose comme quinze ou seize ans. C'était tout simplement une merveille.

— Pourquoi, demandai-je tout bas à Alexandre, madame Adriani se fait-elle appeler *marraine* par cette enfant-là?

— Pardieu! parce que c'est sa mère, me répondit Alexandre.

L'explication me parut suffisante.

— Ah! j'ai fait d'assez bons vers sur elle cette nuit — continua-t-il.

— Sur qui?

— Sur madame Adriani.

— Dis-les moi.

— Attends, tu sais, les vers, quand on vient de les faire, on ne se les rappelle pas. Après, on ne peut plus les oublier.

> La plus belle femme du monde
> Je la connais certainement,
> Mais si vous croyez qu'elle est blonde,
> Vous vous trompez complètement.

> Ses cheveux sont noirs — et l'ébène
> Paraîtrait pâle à côté d'eux.
> Ses cils sont noirs et c'est à peine
> Si l'on voit le blanc de ses yeux.

Aussi parfois son sang bouillonne,
Elle s'emporte en un moment,
Car si vous croyez qu'elle est bonne,
Vous vous trompez complètement.

C'est un éclair, c'est la rafale,
Et j'ai grand peine, tant c'est prompt,
A dompter pareille cavale
Sous la cravache ou l'éperon,

Mais quand elle a le vin en tête,
Alors c'est un enchantement,
Car si vous croyez qu'elle est bête,
Vous vous trompez complètement.

Son esprit est comme ses hanches,
Il est souple et toujours bondit,
Et comme elle a les dents très blanches,
Elle rit de tout ce que l'on dit.

El'e pousse tout à l'extrême,
Douleur, joie et tempérament,
Et si vous croyez qu'elle m'aime,
Vous vous trompez complétement.

— Ils sont très jolis, tes vers.

— En veux-tu d'autres ?

— Oui, pendant que tu y es; tu sais que je suis un des seuls hommes qui croient encore aux vers.

— Oh! papa, que tu es grand! Écoute :

Je suis amoureux d'une femme
Ayant dents blanches et le teint brun.
Ses deux yeux ne sont qu'une flamme,
Et sa bouche n'est qu'un parfum.

Voilà certe une bonne affaire
Pour mon cœur qu'on croyait ruiné,
Je le dis à toute la terre,
Tant j'en suis encore étonné.

Je conte ma bonne fortune
A qui veut l'entendre conter,
Et je l'irais dire à la lune
Pour peu qu'elle eût l'air d'en douter.

Je la dis à qui veut l'entendre,
Aux étoiles qui, le matin,
Pâlissent dans un ciel bleu tendre,
Qui de rose déjà se teint.

C'est connu depuis la plus basse
Jusqu'à la plus haute maison,
Et je le dis au vent qui passe
Pour qu'il le dise à l'horizon.

C'est su de la nature entière,
Tant je suis fier de cet amour,
Je veux le dire à la rivière,
Si le chagrin m'y jette un jour.

Je l'ai dit même à cette blonde
Qui devait en souffrir, — eh bien, —
La brune que j'aime est au monde
La seule à qui je n'en dis rien.

— Encore.

— Quoi?

— Des vers.

— Oh! oh! tu ne crains pas une indigestion?

— Non, j'ai l'estomac solide, et puis je veux m'assurer d'une chose...

— De laquelle ?

— Va toujours, je te répondrai après.

— Veux-tu un sonnet ?

— Du même à la même ?

— Pardieu !

— Va pour le sonnet.

— Voyons, attends... Voici :

Ce soir, dame Phœbé se voile le visage.
Est-ce effet du hasard, est-ce précaution ?
Moi, sans meilleur avis, je crois qu'Eudymion
Lui fait tout bonnement alcôve d'un nuage.

Et qui force après tout la lune à rester sage ?
Qui condamne son cœur à l'inanition ?
Et quand le monde dort, ce pauvre Endymion
Ne peut-il pas l'aimer un instant au passage ?...

Car on aime ici-bas, et là-haut et partout,
L'amour qui naît de rien, dit-on, et meurt de tout,
Vit comme un parisite aux dépens de notre âme.

On en rit, on en souffre, et l'on en peut mourir.
Mais, lorsqu'il est soigné par votre main, madame,
Le mal devient si doux qu'on n'en veut plus guérir.

— Merci !

— En veux-tu encore ?

— Non, j'ai ce qu'il me faut. Maintenant, veux-tu que je te dise une chose ?

— Laquelle?

— Tu n'aimes pas le moins du monde madame Adriani.

— Peste! je m'en garderais bien.

— Alors, à quoi te sert-elle?

— A étudier.

— Le monde?

— Non, le *Demi-Monde*.

Quinze jours après, je le revis.

— Eh bien, les études? lui demandai-je.

— Terminées. J'ai doublé ma philosophie hier.

— Et aujourd'hui?

— J'ai quitté le collége.

— Vous êtes brouillés?

— Il y a une heure. En voilà une biche!

— Conte-moi cela.

— Imagine-toi, avant-hier, je m'ennuyais, — j'étais de mauvaise humeur, je ne savais que faire.

— Où étais-tu?

— Chez elle. Justement on lui apporte un bouquet. Bon, me dis-je, je vais lui faire une querelle, cela me distraira.

— Tu es donc jaloux ?

— Ah! bien oui, il y a longtemps que j'ai donné ma démission. — Ah ça! vous savez, lui dis-je, que je ne veux plus que vous receviez de bouquets, et surtout de bouquets pareils?

— Comment de pareils bouquets?

— Certainement, ce sont des bouquets de la Madeleine, des bouquets à cent sous, c'est humiliant pour moi. Quel est donc le clerc d'huissier ou le dixième d'agent de change qui vous envoie de pareils bouquets?

— Je vous donne ma parole que je ne sais pas d'où ils viennent.

— Promettez-moi de n'en plus recevoir.

— Cela vous fera-t-il plaisir?

— Oui.

— Eh bien, c'est le dernier que je recevrai.

— Vous me le jurez?

— Parole d'honneur!

— Eh bien, voilà qui mérite récompense.

J'ouvris la croisée.

— Que faites-vous?

— Je vais jeter celui-là par la fenêtre ; rien pour rien.

Le domestique qui venait de l'apporter sortait de la grande porte.

— Gare là-dessous ! criai-je.

Il leva le nez.

Je lui envoyai le bouquet sur la tête.

J'espérais qu'elle allait me faire une querelle, elle fut charmante et me renouvela d'elle-même la promesse de ne plus recevoir de bouquets.

Elle n'avait pas besoin d'excepter les miens ni de me demander à quoi elle les reconnaîtrait, je n'avais jamais eu l'idée de lui en envoyer un seul.

Ce matin, la chance veut que je passe devant madame Barjon. Je vois un bouquet de violettes de Parme, un bouquet magnifique, gros comme ta tête, quand il y a trois mois que tu ne t'es fait couper les cheveux.

— Combien, mère Barjon?

— Vingt francs.

— Faites porter chez madame Adriani, rue Saint-Lazare, n°...

— De votre part?

— Gardez-vous-en bien?

— De la part de qui ?

— De la part d'un monsieur... qui se fera connaître plus tard.

— Quand faut-il le faire porter ?

— A l'instant même, devant moi.

La mère Barjon appela une *porteuse* de bouquets.

— As-tu étudié ce type-là, celui de porteuses de bouquets ?

— Non, ma foi.

— Il est curieux ; c'est une espèce à part. Deux heures après, j'arrive chez madame Adriani. Je sonne; on m'ouvre, j'entre. Pas de bouquet dans la salle à manger; pas de bouquet dans le salon, pas de bouquet dans la chambre à coucher.

Est-ce que l'on m'aurait tenu parole?

Je vais au boudoir.

— Alexandre, n'entre pas là, ma mère y est.

— Bien!

— Qu'avez-vous?

— Rien!

— Si!

— On ne vous a pas apporté un bouquet?

— Quand?

— Aujourd'hui.

— Non!

— C'est singulier.

— Pourquoi est-ce singulier ?

— En passant, il y a une heure, j'ai vu une femme qui entrait sous la grande porte avec un bouquet. Je suis entré en même temps qu'elle, elle a prononcé votre nom. Elle a monté; j'ai attendu, je l'ai vue redescendre les mains vides.

— Un bouquet de violettes de Parme?

— Oui.

— C'est ma mère qui me l'avait envoyé.

— Où est-il?

— Dans le boudoir avec ma mère.

— Demandez donc à votre mère ce qu'il lui a coûté et chez qui elle l'a acheté. Il n'y a que les femmes pour faire de ces découvertes-là.

— Volontiers.

Elle entra dans le boudoir, et je l'entendis commencer sa phrase en ouvrant la porte, et l'achever la porte fermée.

Une seconde après, elle sortit.

— Elle l'a acheté chez le fleuriste de la place de la Madeleine et l'a payé quinze francs, dit-elle avec une admirable tranquillité.

On comprend le dénouement; j'ouvris le boudoir : pas plus de mère que sur la main.

Mais mon bouquet se pavanait au milieu de deux autres.

Il paraît que nous sommes trois.

— Et tu as dit ?

— J'ai dit comme Ruy Gomez de Sylva, dans *Hernani* :

> C'est trop de deux, madame !

Et me voilà !

— Sérieusement ?

— Très sérieusement !

— Tu n'y retourneras plus ?

— A quoi bon, mon étude est faite.

Cette étude, belles Lectrices, c'est celle que l'on joue depuis quatre jours au Gymnase.

A demain le compte-rendu du *Demi-Monde*.

Le Demi-Monde.

Nous sommes chez Olivier, dans un charmant salon d'homme du monde de 1855, avec toutes ces nécessités qui constituent le confort, au milieu de ces mille riens qui constituent le luxe.

Olivier est assis et cause avec la vicomtesse.

Aux premiers mots, on s'aperçoit qu'Olivier est un homme d'infiniment d'esprit, qui, ruiné cinq ou six fois par les femmes, a refait sa fortune à force d'oncles. On ne lui apprendra donc rien de nouveau, à ce philosophe pratique ; il sait tout.

De son nom d'artiste, Olivier s'appelle Dupuis. C'est, comme vous le savez, le fils d'une charmante comédienne, nommée Rose Dupuis. On m'a fait la plaisanterie de me montrer en face de moi une femme qui avait l'air d'avoir trente ans, et que l'on m'a affirmé être cette même Rose Dupuis à qui j'ai, moi, tout enfant, vu jouer, en

1815, lady Rochester, dans *la Jeunesse de Henri V*. Vous comprenez que je n'en ai rien voulu croire. Dupuis, lui, a vingt-cinq ou vingt-six ans, et c'est un garçon d'une suprême élégance.

La vicomtesse, de son nom d'artiste, s'appelle Mélanie. Vous la connaissez pour une des plus jeunes et des plus jolies duègnes de Paris — au théâtre. Causez cinq minutes avec elle dans la coulisse, et vous la trouverez plus jeune encore et plus spirituelle que sur la scène.

La vicomtesse est venue chez Olivier : elle est inquiète des résultats que peut avoir une querelle qui s'est élevée chez elle, à une partie de lansquenet, entre un

M. de Maucroix, personnage invisible, et un M. Delatour, qui ne paraît pas. — Ces deux personnages, cachés pendant les cinq actes derrière la toile du fond, donnent, avec une madame de Lornan qui ne paraît pas plus qu'eux, la main aux personnages qui sont en scène, et aident à l'action.

Ces quatre premières lignes posent la vicomtesse dans la sphère où elle doit être classée.

La vicomtesse. — Alors, vous me promettez que l'affaire n'aura pas de suites?

Olivier. — Elle ne peut pas en avoir.

La vicomtesse. — J'ai voulu moi-même venir vous le demander, au risque de me rencontrer chez vous avec Dieu sait qui.

Olivier. — Je reçois donc bien mauvaise compagnie?

La vicomtesse. — On le dit.

Olivier. — On se trompe ; il ne vient ici que des amies à vous.

La vicomtesse. — C'est flatteur pour mes amies.

Ce qui amène surtout la vicomtesse, c'est qu'elle désire qu'on ignore qu'on joue dans son salon. Elle a une nièce à marier, *Marcelle.* Vous rappelez-vous la nièce de madame Adriani qui avait, en 1849, dix ans, et qui en a maintenant seize? Eh bien!

l'éclat de cette querelle peut lui faire du tort. Elle a, au reste, chargé la vicomtesse de faire tous ses compliments à Olivier.

— C'est bien aimable de sa part, dit celui-ci.

— Certainement que c'est bien aimable, rien ne l'y force. Elle sait bien que vous ne l'épouserez pas.

— Oh! non.

— Mon cher, vous pourriez plus mal tomber.

— Quand on tombe, on ne tombe jamais bien.

— Cependant Olivier, séduit par son

titre d'orpheline, et surtout par la beauté de Marcelle, a eu un instant l'idée de l'épouser.

— Qui vous a empêché de le faire? demande la vicomtesse — son peu de fortune?

Que faisait le peu de fortune de Marcelle à Olivier? Jouissant maintenant de trente bonnes mille livres de rente en terres! — Non; il y avait une autre raison.

— Laquelle?

— Nous autres, hommes du monde, dit Olivier, nous ne sommes pas toujours si bêtes que nous en avons l'air, et quand nous nous marions, c'est pour trouver dans notre femme ce que nous avons inutilement demandé aux femmes des autres. Plus nous avons vécu, plus nous tenons à ce que la femme que nous épousons ne connaisse rien de la vie. Ces petites demoiselles qui, avant leur mariage, ont une réputation toute faite d'esprit et d'indépendance, font des femmes déplorables. Voyez madame de Santis.

Suit l'exposition du caractère de madame de Santis, amie de Marcelle. — Madame de Santis, qui avait promis de venir reprendre la vicomtesse chez Olivier, et qui tarde parce que sa tête folle lui aura fait oublier sa promesse — madame de Santis est séparée d'un mari inconnu, dont elle a fait le malheur par son inconduite.

Mais peu importe à la vicomtesse, sa nièce va se marier à un jeune homme.

— Qui aime mademoiselle de Sancenaux et qui est aimé d'elle? demande Olivier.

— Non, mais peu importe; dans le mariage, quand l'amour existe, l'habitude le tue.

— Et quand il n'existe pas?

— Elle le fait naître.

— Vous parlez comme La Rochefoucault; et d'où vient ce jeune homme?

— C'est M. Delatour qui me l'a présenté.

— Présenté par M. Delatour, marchandise de pacotille, moitié fil, moitié coton.

Cette fois, ce n'est point le cas; le jeune homme sur lequel la vicomtesse a jeté les yeux pour en faire l'époux de sa fille, est juste le mari qu'il faudrait à Marcelle : un jeune homme de trente-deux ans, militaire décoré, pas de famille, vingt mille livres de rente, libre comme l'air, pouvant se marier sans consulter personne, et ne connaissant à Paris que M. Delatour, Marcelle et la vicomtesse. Au reste, Olivier ne tardera point à faire la connaissance de ce jeune homme. C'est le témoin de M. Delatour, et il a rendez-vous à trois heures chez Olivier pour régler les conditions du combat.

Faisons ici une pause d'un instant. Je

ne suis pas fâché de donner ici un conseil à l'*école fantaisiste*, à ces messieurs qui font des pièces qui n'en sont pas, et qui proclâment que le premier mérite d'une comédie ou d'un drame est de ne pas avoir d'intrigue.

Eh bien ! que ces messieurs étudient cette première scène, elle n'est pas longue, elle a huit pages et demie.

Ils trouveront l'exposition de la pièce et cinq caractères parfaitement posés.

Celui d'Olivier, celui de la vicomtesse, celui de Marcelle, celui de madame de Santis, celui de M. de Nanjac.

Ces personnages n'ont plus qu'à entrer et qu'à agir.

Reste Suzanne d'Ange dont on n'a pas encore dit un mot. Celle-là, c'est autre chose. Comme elle sera l'*inattendu* de l'ouvrage, elle apparaîtra sans être annoncée, restera mystérieuse et développera son caractère d'elle-même.

Continuons :

On annonce madame de Santis.

— Elle est bien jolie, madame de Santis. Il est vrai que mademoiselle Figeac lui prête sa figure.

Oh! la bonne tête évaporée que cela fait!

Comme elle gâte bien son temps, son argent et ses robes, mon Dieu ! Quel martyre pour un mari ! quel désespoir pour un amant qui tombe aux mains d'une pareille femme ! Comme il faut qu'il en meure, ou par hasard, s'il en réchappe, comme il sortira de cet enfer amer, triste et rêveur pour le reste de sa vie.

Et pourtant madame de Santis n'est ni méchante avec réflexion, ni corrompue avec calcul, non ; elle va à travers le mal, en riant, en courant, en déchirant sa réputation, qui est l'honneur d'un honnête homme, comme une pensionnaire court en riant à travers les buissons, où elle laisse les lambeaux de la belle robe blanche avec laquelle elle a fait sa première communion.

Elle vient de faire des emplettes, d'acheter des robes, de retenir une voiture pour les courses, de faire faire un chapeau délicieux, de louer un appartement de trois mille cinq cents francs, de commander un salon rouge et or, une chambre à coucher en brocatelle jaune et un boudoir en satin de Chine bleu.

— Et avec quoi payez-vous tout cela? demande Olivier.

— Comment, avec quoi? Est-ce que je n'ai pas ma dot?

— Il ne doit plus en rester beaucoup, au train dont vous y allez.

—Il me reste trente mille francs à peu près.

Et sur ce, madame de Santis recommande à la vicomtesse un homme charmant, son homme d'affaires, un M. Michel.

— Ah! dit Olivier, comme si un ancien souvenir lui marchait sur le pied, je connais cela, M. Michel.

— *Et nous aussi, n'est-ce pas, Alexandre, nous connaissons cela?*

— N'est-ce pas, continue Olivier, un petit maigre, des chemises brodées et des boutons de gilet en émail?

— Oui, dit Valentine, il a l'air très comme il faut.

— Cela dépend des quartiers, répond l'impitoyable Olivier, je connais l'homme. Vos trente mille francs iront vite ; mais quand ils seront mangés, comment ferez-vous ?

— Est-ce que je n'ai pas mon mari, tiens, il faudra bien qu'il me fasse une pension. Je suis sa femme, il n'y a pas à dire, et, s'il ne me reste que ce moyen, je retournerai avec lui.

— Voilà un mari qui a de la chance!

Il faut entendre cette scène entre la vicomtesse, Olivier et madame de Santis pour avoir une idée de tout ce qui s'y dit de triste et de profond sous l'écaille frivole et éblouissante du style.

Tout à coup, Valentine, sans rime ni raison, demande à Olivier :

— A propos, avez-vous des nouvelles de madame d'Ange ?

— Pourquoi voulez-vous que j'en aie ?

— Est-ce qu'elle ne vous a pas écrit de Bade.

— Non.

— C'est à moi que vous dites cela..., à moi qui... (*Elle rit.*)

— A vous qui...

— C'est moi qui mettais les lettres à la poste. Je sais garder une confidence, allez, toute folle que je suis. *Elle vous écrivait* des lettres charmantes.

Retenez bien cette pierre d'attente posée par l'auteur, belles lectrices. Sur cette pierre, il bâtira une des scènes les plus dramatiques qu'il y ait dans le théâtre moderne.

Cependant, au milieu de toutes les étourderies de Valentine, toutes utiles pour exposer son caractère ou celui des autres, la scène tire à sa fin.

— Venez-vous avec nous? dit-elle à Olivier, vous me donnerez des conseils pour mes tentures.

— Je ne peux pas sortir, j'attends quelqu'un.

— Qui donc?

— Un de mes amis.

— Qu'on appelle?

— Qu'est-ce que cela peut vous faire?

— *Oh! c'est pour dire quelque chose.*

Cette réponse est tout le caractère de

Valentine, mais elle amène Olivier à dire :

— Eh bien! on l'appelle Hippolyte Richon; depuis dix ans il a beaucoup voyagé.

Hippolyte Richon est le mari de madame de Santis, qui n'en laisse rien paraître, et qui, quand on annonce M. Hippolyte Richon, second témoin de M. de Maucroix, baisse son voile et passe devant lui sans être reconnue.

Vous le voyez, ces deux premières scènes ont mis au jour tout ce qui avait besoin d'être vu et laissé dans l'ombre tout ce qui ne devait être qu'entrevu.

Entre les deux amis restés seuls, les confidences s'engagent. Olivier envoie une lettre à madame de Lornan. Qu'est-ce que c'est que cela, madame de Lornan? Une femme dont Olivier est amoureux. Seulement le mari a eu la bonne idée de le prendre, lui Olivier, en amitié, de sorte que, l'honnête cœur qu'il est, il n'a pas eu le courage d'aller plus loin.

— Soit que j'aie déjà trop vécu, soit que décidément je sois un honnête homme, dit-il, je suis résolu à ne plus commettre toutes ces petites infamies dont l'amour est l'excuse. Aller chez un homme, lui serrer la main, l'appeler son ami et lui prendre sa femme! Tant pis pour ceux qui ne pensent pas comme moi, mais je trouve cela honteux, répugnant, *écœurant*.

— Allons, dit Hippolyte, tu es amoureux d'un autre côté.

C'est vrai, Olivier est amoureux, il est amoureux de Suzanne d'Ange, une belle veuve, une femme du monde.

Au milieu de la causerie des deux amis, qui causent de tout excepté de l'affaire qui les réunit, c'est-à-dire le duel de MM. Delatour et de Maucroix, on annonce tout bas *la dame*, qui revient de voyage.

C'est Suzanne. Hippolyte se retire, après l'échange de deux mots assez spirituels qui, entre nous soit dit, sont un emprunt que monsieur mon fils a fait à la caisse de son père, et, Hippolyte parti, Suzanne entre.

Il faudrait citer toute la scène pour en faire comprendre toutes les nuances délicates.

Dès le commencement, on voit que Suzanne n'a jamais aimé Olivier. Il a été un passe-temps dans sa vie de femme ; aussi aborde-t-elle franchement la question. Elle vient rompre, et offrir son amitié à la place de son amour.

Elle vient surtout demander l'amitié de son amant, mais en termes tels, qu'on devine qu'elle vient faire un marché.

Olivier se met à rire.

— Qui est-ce qui vous fait rire? lui demande Suzanne.

— Je ris en pensant que, sauf les expressions, je disais, ou plutôt j'écrivais la même chose il y a deux heures.

— A une femme?

— Oui !

— A la belle Charlotte de Lornan?

— Je ne connais pas cette dame,

— Dans les derniers temps de mon séjour à Paris, vous ne veniez plus me voir aussi régulièrement que par le passé ; je me suis bien vite aperçue que les raisons que vous me donniez pour n'être pas venu, ou les prétextes que vous faisiez valoir pour ne pas venir, cachaient quelque mystère. Ce mystère ne pouvait être qu'une femme. Un jour que vous étiez sorti de chez moi, en me disant que vous alliez rejoindre un de vos amis, je vous ai suivi jusqu'à la maison où vous alliez. J'ai donné vingt francs au portier ; j'ai appris que madame de Lornan demeurait dans cette maison, et que vous veniez chez elle tous les jours. Ce n'est pas plus difficile que cela. C'est là que j'ai compris... que j'ai compris que je ne vous aimais pas, car j'ai fait tout ce que j'ai pu pour être jalouse, et je ne l'ai pas été.

Suzanne fait ainsi comprendre à Olivier qu'il a tout intérêt à ne pas mal parler de madame d'Ange, car elle pourrait mal parler de madame de Lornan.

A la fin de cette scène, pendant laquelle Suzanne n'a pas donné d'autres raisons de sa rupture avec Olivier que son départ très prochain, on annonce M. de Nanjac, dont on apporte la carte à Olivier.

— Attendez, dit Suzanne au domestique.

Et elle prend la carte.

— Vous connaissez donc M. de Nanjac? demande-t-elle à Olivier.

— Je ne l'ai jamais vu.

— Comment vient-il vous voir?

— Il est le témoin de M. de Latour.

— Ah! il y a des hasards bien étranges!

— Qu'arrive-t-il donc?

— Par où sortir sans être vue?

— Comme vous êtes agitée! C'est donc vous qui connaissez M. de Nanjac?

— Il m'a été présenté à Bade; je lui ai parlé deux ou trois fois.

— Oh! je crois que je brûle, comme on dit aux petits jeux. Est-ce que M. de Nanjac...

— Vous rêvez...

— Heu! heu!

— Eh bien! puisque vous tenez à ce qu'il me voie chez vous, faites entrer M. de Nanjac.

— Je n'y tiens pas.

— Faites-le entrer. *(A elle-même.)* Au fait, cela vaut mieux.

Tout le caractère résolu de cette femme est dans cette première décision.

Raymond entre.

Suzanne échange avec lui quelques mots comme une femme du monde rencontrée dans la situation la plus normale, et elle sort laissant les deux hommes en présence.

Là se développe une des plus remarquables scènes qu'il y ait au théâtre.

M. de Nanjac explique la cause du différend survenu entre M. de Latour et M. de Maucroix, mais avec une aigreur telle, qu'Olivier, après lui avoir entendu dire qu'il traite la chose comme si elle lui était personnelle, se lève et lui répond :

— Permettez-moi de vous le dire, monsieur, vous commettez là une erreur. Les témoins, j'en conviens, doivent être aussi soucieux de l'honneur de leurs commettants que de leur honneur propre, mais ils doivent surtout, à mon avis, apporter dans leurs rapports un esprit de conciliation, ou tout au moins d'impartialité qui mette, en cas de malheur, leur responsabilité à l'abri. C'est déjà bien assez de discuter sur des faits, sans rechercher encore les suppositions qu'à la place des intéressés on aurait pu faire. Puis, croyez-le bien, monsieur, il n'y a pas deux sortes d'honneur, un pour l'uniforme que vous portez, un pour l'habit que je porte; le cœur est le même sous l'un et l'autre costume. Seulement, la vie des gens me paraît une chose assez sérieuse, pour qu'on la discute sérieusement, et ce n'est que lorsqu'il est impossible de faire autrement qu'on doit amener de sangfroid deux hommes sur le terrain. Si vous le voulez, monsieur, nous prendrons un autre rendez-vous, car vous paraissez aujourd'hui, à vous parler franchement, dans une disposition d'humeur un peu irritable, dont votre ami et le mien ne sauraient être solidaires, à moins que, pour quelque cause que j'ignore, puisque c'est la première fois que j'ai l'honneur de me rencontrer avec vous, nous ne soyons nous-mêmes deux adversaires ayant besoin de témoins au lieu d'être, comme je le croyais, deux témoins chargés de concilier deux adversaires.

— Vous avez raison, monsieur, c'est une question personnelle qui m'a fait tenir le langage que j'ai tenu. Excusez-moi, et, si vous le voulez bien, je vais vous parler à cœur ouvert.

— Parlez, monsieur.

— Je suis très franc, je vais vous demander d'être franc avec moi.

— Voyons.

— Nous sommes d'honnêtes gens tous les deux, nous sommes du même âge, nous sommes du même monde, et, certainement, si je ne vivais pas depuis dix ans comme un ours en Afrique, il y a longtemps que nous nous serions rencontrés, et que nous serions liés. Le croyez-vous?

— Je commence à le croire.

— J'aurais dû vous parler tout de suite comme je le fais, au lieu de me laisser aller à ma mauvaise humeur et de m'attirer la petite leçon que vous m'avez très spirituellement donnée tout à l'heure. Si j'étais tombé sur un caractère dans le genre du mien, au lieu de tomber sur un homme de sens comme vous, nous en serions à nous couper la gorge, ce qui serait stupide. Voulez-vous donc me permettre de vous faire les questions délicates qu'un ami de dix ans aurait le droit de vous faire, en vous donnant ma parole que tout ce que vous me direz mourra ici?

— Je suis prêt.

— Merci! car cette conversation peut avoir une grande influence sur ma vie.

— J'écoute.

— Quel est le nom de la personne qui était ici quand je suis entré ?

. . . .

Je le répète, je ne connais pas de plus belle attaque de pièce ; aussi, cette scène a-t-elle obtenu un succès immense.

A la fin du premier acte, que cette scène termine ou à peu près, le public était conquis à l'auteur ; et moi, qui ne connaissais pas l'ouvrage, et qui assistais à cette représentation, je me demandais comment mon fils allait faire pour se tenir, pendant le reste, à la hauteur de ce début.

Le Demi-Monde (suite).

Ne comptez pas sur un récit détaillé du second acte, qui est non pas l'exposition, mais le tableau animé de ce monde étrange dans lequel le peintre nous transporte, et qu'il définit ainsi :

Olivier à Raymond :

— Aimez-vous les pêches?

— Les pêches? ouï!

— Eh bien, entrez un jour chez un marchand de comestibles, chez Chevet ou chez Potel, et demandez-lui ses meilleures pêches; il vous montrera une corbeille toute pleine de fruits magnifiques posés à quelque distance les uns des autres, et séparés par des feuilles, afin qu'ils ne puissent se toucher ni se corrompre par le contact. Demandez-lui le prix, il vous répondra : trente sous la pièce, je suppose. Regardez autour de vous, vous verrez bien certainement dans le voisinage de ce panier un autre panier contenant des pêches toutes pareilles en apparence aux premières, seulement plus serrées les unes contre les autres, ne se laissant pas voir sur tous les côtés, et que le marchand ne vous aura pas offertes. Dites-lui : Combien celles-ci ? Il vous répondra : quinze sous. Vous lui demanderez tout naturellement : Pourquoi ces pêches aussi grosses, aussi belles, aussi mûres, aussi appétissantes, coûtent moins cher que les autres ? Alors il en prendra une le plus délicatement possible entre les deux doigts et la retournera, et vous montrera derrière, de côté ou dessous, un tout petit point noir qui sera la cause de son prix inférieur. Eh bien, mon cher, vous êtes ici dans le panier des pêches à quinze sous. Les femmes qui vous entourent ont toutes une faute dans leur passé, une tache sur leur nom ; elles se pressent les unes contre les autres pour qu'on le voie le moins possible, et, avec la même origine, le même extérieur et les mêmes préjugés que les femmes de la société, se trouvent ne plus en être, et composent ce que nous appelons le demi-monde, qui n'est ni l'aristocratie, ni la bourgeoisie, mais qui vogue, comme une île flottante, sur l'océan parisien, et qui appelle, qui recueille, qui admet tout ce qui tombe, tout ce qui émigre, tout ce qui se sauve du sein de ces deux continents, sans compter les naufragés de rencontre et qui viennent on ne sait d'où.

Ajoutez à cette définition, qui est du

plus grand bonheur en même temps que de la plus grande vérité, la scène de Suzanne et du marquis, la scène de Richon avec sa femme, la scène de Marcelle avec Olivier, et toute la scène d'ensemble, où Olivier fait montrer à nu les caractères, les vices, les mœurs et les passions des femmes qui composent le salon de madame de Vernières, et vous vous expliquerez le succès de ce second acte, à la fin duquel Suzanne, qui voit qu'Olivier commence à éclairer Raymond sur les dangers du demi-monde, dit à son ancien amant :

— Puisque vous me déclarez la guerre, j'entends que vous ne me la fassiez qu'avec vos propres armes. Vous avez des lettres de moi, rapportez-les moi demain.

— A demain.

A mesure que nous avançons dans l'analyse de cette pièce, nous reconnaissons combien cette analyse est difficile à faire.

Pour faire comprendre les fines péripéties et les délicates nuances du troisième acte, par exemple, il faudrait citer l'acte tout entier.

Cet acte est employé à nous montrer *le travail* de Suzanne entre Olivier et Raymond, qu'il s'agit de brouiller ensemble.

On s'en souvient, elle a redemandé ses lettres à Olivier. Olivier les rapporte, et se trouve seul avec M. de Nanjac qui lui annonce son mariage prochain avec madame d'Ange, et lui demande de vouloir bien être son témoin.

Il y a là une scène de première force. Olivier essaye d'éclairer son ami par des généralités, puis peu à peu il est entraîné dans des confidences personnelles. M. de Nanjac prend d'abord, ou plutôt a l'air de prendre la chose gaîment. Puis peu à peu, à mesure que les détails deviennent plus positifs, son visage s'assombrit, sa main se retire de celle d'Olivier, et au moment où Olivier lui dit :

— Sur ce, adieu; j'aime autant qu'elle ne me trouve pas ici; elle se douterait de quelque chose, et il faut qu'elle ignore notre conversation.

M. de Nanjac lui répond :

— Bien entendu ; il est inutile alors que je lui fasse la commission dont vous m'aviez chargé.

— Quelle commission ?

— Ne m'aviez-vous pas prié de lui dire que vous lui rapporteriez plus tard ce que vous lui rapportiez ce matin ?

— C'est juste, ne lui parlez pas de cela.

— Qu'est-ce que c'était donc encore ?

— C'étaient des papiers.

— Des papiers d'affaires ?

— Oui.

— D'affaires d'intérêt ?

— C'est cela ; adieu !

— Aujourd'hui, cher ami, ce n'est pas la première fois que vous me voyez, vous avez donc tort de ne pas être franc jusqu'au bout avec moi. Ces papiers sont des lettres, avouez-le. (*Silence.*) Voyons, pendant que nous y sommes, plus vous m'en direz, mieux cela vaudra.

— Eh bien! oui, ce sont des lettres.

— Des lettres qu'elle vous a écrites et qu'en ce moment elle désire ravoir. Allons, faites les choses jusqu'au bout.

— Comment?

— Prouvez-moi que vous êtes réellement mon ami.

— Que faut-il faire?

— Donnez-moi ces lettres.

— A vous?

— Oui.

— Vous savez bien que cela ne se peut pas.

— Pourquoi ?

— Parce qu'on ne donne pas les lettres d'une femme.

— Cela dépend.

— De quoi ?

— Du point où on en est avec celui qui les demande.

— Les lettres d'une femme sont sacrées quelle que soit la femme.

— Il est peut-être un peu tard pour me dire de ces choses-là, mon cher Olivier.

— Vous trouvez ?

— Oui, quand on a commencé une confidence du genre de celle que vous m'avez faite, il faut aller jusqu'à la fin.

— Ah! tenez, mon cher Raymond, je commence à croire que j'ai fait une sottise et que j'aurais dû me taire.

— Parce que?

— Parce que vous n'avez plus envie de rire, parce que vous aimez plus madame d'Ange que vous ne le dites, parce qu'enfin votre gaîté de tout à l'heure n'était qu'un moyen de me faire parler. Vous êtes plus adroit que je ne le croyais, Adieu!

— Voyons, Olivier, au nom de notre amitié, donnez-moi ces lettres.

—Vous me demandez une chose impossible, je vous le répète, une chose indigne de vous et de moi. Cela m'étonne de votre part.

— Je vous demande tout simplement la preuve de ce que vous m'avez dit.

— Libre à vous d'en douter.

— Je ferais pour vous ce que je vous demande de faire pour moi.

— Jurez-le moi sur l'honneur.

— Je... (*il se tait*).

— Vous voyez bien.

— Vous avez raison. Eh bien, je vous

jure sur l'honneur de ne pas lire ces lettres. Donnez-les moi, je les remettrai moi-même à madame d'Ange.

— Non !

— Vous doutez de ma parole ?

— Dieu m'en garde !

— Cependant...

— Tenez, Raymond, vous ne me pardonnerez jamais de vous avoir dit la vérité, moi je ne puis m'en repentir, car ce que j'ai fait, j'ai cru qu'il était de mon devoir de le faire. Il n'y avait pas à hésiter entre une complicité tacite à accorder à madame d'Ange et l'avertissement que je vous ai donné. Entre gens comme nous, l'explication que nous avons eue aurait dû suffire. Elle ne suffit pas. Prenons que nous n'avons rien dit. Je suis venu ici pour remettre à madame d'Ange, ou pour lui laisser, si je ne la trouvais pas chez elle (et j'espérais ne pas la trouver), des papiers qui lui appartiennent depuis l'instant où elle me les a redemandés. Les voici sous enveloppe et cachetés, madame d'Ange n'est pas ici, je dépose ces papiers sur sa table pour qu'elle les trouve en rentrant, et je reviendrai dans une demi-heure savoir si elle les a trouvés. Maintenant, mon cher Raymond, faites de la situation ce que bon vous semblera. J'étais votre ami, je le serai encore tant qu'il vous plaira que je le sois. Adieu ou au revoir. (*Il sort.*)

Raymond reste seul.

Maintenant, belles lectrices, devinez ce qui arrive, car moi je ne vous le dirai pas, je veux vous laisser le mérite de le deviner ou la surprise de le voir.

Tout ce que je puis vous dire, c'est que ce pauvre Olivier est complètement battu par Suzanne pendant cet acte, et qu'à la fin de la scène où elle lui prouve, elle lui dit :

Maintenant, causons sérieusement. De quel droit avez-vous agi comme vous l'avez fait? Qu'avez-vous à me reprocher? Si M. de Nanjac était un vieil ami à vous, un camarade d'enfance, un frère; mais non, vous le connaissez depuis huit ou dix jours à peine. Si vous étiez désintéressé dans la question. Mais êtes-vous certain de n'avoir pas obéi aux mauvais conseils de votre amour-propre blessé? Vous ne m'aimez pas, je le sais bien ; mais on en veut toujours à une femme, quand elle vous dit qu'elle ne vous aime plus. Quoi ! parce qu'il vous a plu de me faire la cour, parce que j'ai été assez confiante pour croire en vous, parce que je vous ai jugé un galant homme, parce que je vous ai aimé... peut-être, vous deviendriez un obstacle au bonheur de toute ma vie? Vous ai-je compromis? vous ai-je ruiné? vous ai-je trompé même? Admettons, et il faut bien l'admettre puisque c'est vrai, que je ne sois pas digne, au point de vue du monde, du nom et de la position que j'abandonne, est-ce bien à vous, qui avez contribué à m'en rendre indigne, à me fermer la route honorable où je veux entrer?

Non, mon cher Olivier, tout cela n'est pas juste, et ce n'est pas, quand on a participé aux fêtes des gens qu'on doit s'en faire une arme contre eux. L'homme qui a été aimé, si peu que ce soit, d'une femme, du moment que cet amour n'avait ni le calcul ni l'intérêt pour base, est éternellement l'obligé de cette femme, et quoiqu'il fasse pour elle, il ne fera jamais autant qu'elle a fait pour lui.

Il est impossible d'appliquer au théâtre une logique plus serrée que celle de ce troisième acte, qui se développe dans des scènes entre deux personnages, et dans lequel tout le monde a raison, Suzanne, selon ses droits de femme, Raymond, selon ses droits d'amant, Olivier, selon ses droits d'ami.

Les deux derniers actes se déroulent avec une gradation et une rapidité merveilleuses jusqu'au dénouement, qui est un des plus étonnants qu'on ait vus sur la scène française, et que nous recommandons comme une étude de la science dramatique aux plus habiles auteurs de ce temps-ci.

La scène de la provocation, car vous avez bien compris, belles lectrices, qu'il arrive un moment où les deux amis ne cherchent plus qu'une occasion de se flanquer un coup d'épée.

Deux coqs vivaient en paix; une poule survint... etc. Vous connaissez la fable. La scène du buvard et la revanche d'Olivier sont traités de main de maître.

A travers cette pièce passent des figures d'une vérité effrayante, des gens que nous coudoyons tous les jours : M. de Thonnerin, Marcelle, Richon, madame de Santis, la vicomtesse, sans compter les personnages qui ne paraissent pas et qu'on sent vivre derrière le décor, tels que M. de Maucroix, M. de Delatour, et cette madame de Lornan, cette femme du monde qu'Olivier veut sauver et qu'on sent venir sur le seuil de ce monde où elle ne doit pas entrer, où il ne veut pas qu'elle entre, où elle n'entrera pas.

Les artistes se sont surpassés.

Un des jeunes confrères de mon fils a dit après la représentation : Cette pièce est au-dessus de l'envie, mais disons de madame Rose Chéri qu'elle est au-dessus de l'éloge.

Il n'y a pas dans le monde une comédienne capable de composer et de jouer ce rôle de Suzanne comme elle l'a composé et joué. Elle a été d'ailleurs plus que comédienne, elle a été femme.

Mademoiselle Figeac a donné au rôle de madame de Santis la physionomie tranchée qu'il devait avoir. Cette femme folle, vivant à côté de la vraie vie et descendant avec des entrechats les échelons sociaux, est un type à la fois triste et gai, dont l'assimilation était des plus difficiles. C'est là une belle et bonne création pour mademoiselle Figeac.

Mademoiselle Mélanie a été d'un naturel surprenant. C'est un Meissonnier qui parle, qui marche, qui vit ; et je ne sais pas qui aurait mieux rendu que mademoiselle Laurentine le rôle de Marcelle. En voyant cette belle jeune fille au front pur, aux lèvres chastes, *parler des choses dont elle parle*, comme dit Olivier, on devine tout de suite que ce langage n'est qu'accidentel, et que le *demi-monde* où elle vit depuis quatre ans n'arrivera jamais à souiller son âme délicate et fière. Aussi Olivier a-t-il bien raison de l'épouser à la fin. Elle fera une femme charmante.

Dupuis, mon cher enfant, vous avez eu là une belle soirée. Vous êtes maintenant un des premiers comédiens de notre époque. Que puis-je vous dire, moi, après avoir vu mademoiselle Rachel vous jeter un bouquet pour avoir ses deux mains libres et pouvoir vous applaudir de toutes ses forces avec la salle entière ?

Quant à Berton, que je ne connaissais pas, dès les premiers mots qu'il a dits, rien qu'en le voyant apparaître, j'ai senti que j'avais affaire à un grand artiste, souple et ferme comme l'acier. La voix, le costume, l'attitude, le geste, le regard, tout est le personnage qu'il représente, brave, amoureux, timide, entêté, plein d'inexpérience et de franchise. Quelle physionomie mobile, quelle tendresse pendant la scène qui termine le quatrième acte. Il a lu d'une façon remarquable la lettre qu'il arrache à la baronne. Si je faisais *Antony* aujourd'hui, c'est pour Berton que je le ferais.

M. Villars a été, dans un rôle épisodique, un grand seigneur parfait, ce qu'il est si difficile d'être au théâtre, et M. Landrol a interprété de la manière la plus distinguée le rôle d'Hippolyte. Ce mari séparé de sa femme et qui la retrouve au bout de dix ans de séparation dans le *demi-monde*, et sous un autre nom, n'était pas facile à représenter. Il a avec Valentine, au deuxième acte, une scène qui est une des plus vraies et des meilleures de la pièce. M. Landrol a été plein de cœur, de bonhommie et de fermeté dans les différentes phases de son rôle.

Nous ne répéterons pas cette banalité, que M. Montigny, qui a monté l'ouvrage avec un soin paternel et un luxe de millionnaire, a la meilleure troupe de Paris. Tout le monde le sait et le prouve. Seulement on nous a dit qu'on avait sollicité M. Montigny pour qu'il acceptât la direction du Théâtre-Français, nous le supplions de n'en rien faire. Tant que M. Montigny restera au Gymnase, il y aura un vrai Théâtre-Français au boulevard Bonne-Nouvelle, et il n'y aura qu'un faux Gymnase rue Richelieu.

On fait, on ne refait pas.

Maintenant, vous connaissez l'ouvrage

comme fable et comme style, comme contexture et même comme forme, car les quelques citations que j'ai faites suffisent pour vous donner une idée de la façon ferme et serrée dont il est écrit.

Il y a, sous ce rapport, progrès sur *Diane de Lys* et sur *la Dame aux Camélias*.

Nous dirons en deux mots pourquoi :

C'est que les drames de *la Dame aux Camélias* et de *Diane de Lys* sont faits sur les romans, tandis que le *Demi-Monde* est moulé directement sur nature.

Moulé sur nature est le mot ou avec le

procédé c'est celui de Molière, il voyait la société et *copiait*.

Aussi, du moment où la toile se lève sur une pièce d'Alexandre, du moment où l'on est entré dans le boudoir de Marguerite, dans l'atelier de Paul ou dans le salon d'Olivier, du moment où les personnages ont commencé de parler, le spectateur est pris et entraîné par un irrésistible réalisme, ce n'est plus un théâtre, ce ne sont plus des artistes, ce n'est plus une fiction dramatique, c'est un pan de muraille ouvert sur des personnages vivants et laissant voir le drame de la vie.

Certes, l'idéalité y perd, la poésie s'atténue, ce n'est point le procédé qui donne

Ariel ou Juliette; mais la réalité et l'intérêt y gagnent. D'ailleurs, qui vous dit qu'un jour il ne prendra pas fantaisie au poëte de faire à son tour une excursion dans le domaine de l'imagination, dans le royaume du rêve, et qu'il ne complètera pas son œuvre de réalisme par un voyage dans le pays de l'idéalisme et de la poésie?

En attendant, mieux vaut faire ce qu'il fait, les vrais rois sont ceux qui règnent sur leur époque, et Alexandre a pris au collet son époque comme une chose à lui appartenant, qu'il mène où il lui convient et dont il fait ce qu'il veut.

Ce qui me plaît surtout dans l'œuvre nouvelle, c'est que lui seul pouvait la faire; c'est qu'on sent que chaque acte, chaque scène, chaque phrase, chaque parole est non-seulement de lui, mais ne peut être que de lui ; c'est que c'est son champ, son domaine, sa propriété, qu'il la tient de lui-même et non par héritage, car moi-même, tout le premier, je me reconnais impuissant à faire *le Demi-Monde*.

Je ne m'humilie point pour cela, je puis faire autre chose, je puis faire *Antony, le Comte Hermann* et *la Conscience*.

Ainsi donc, je le répète, grand succès, succès réel, succès mérité, place prise dans le présent, place marquée dans l'avenir !

FIN DES CAUSERIES.

TABLE

Des chapitres du dix-neuvième volume.

	Pages
Chap. I. Le sursis.	1
— II. Le père et le fils.	19
— III. L'idée et l'homme.	41
— IV. César, Charlemagne, Napoléon.	61
— V. Le passe-port.	83
— VI. La lettre S.	107
— VII. A la dernière maison de la barrière Fontainebleau.	129

Causeries.

Études sur le cœur et le talent des poètes.	145
Diane de Lys, ou la Dame aux Perles.	173
Suzanne d'Ange.	213
Le Demi-Monde.	343
Le Demi-Monde (suite).	279

Fin de la table du dix-neuvième et dernier volume.

Fontainebleau. —Imp. de E. Jacquin.

Ouvrages de Paul Féval.

Le Tueur de Tigres.	2 vol.
Les Parvenus.	5 vol.
La Sœur des Fantômes.	5 vol.
Le Capitaine Simon.	2 vol.
La Fée des Grèves.	5 vol.
Les Belles de nuit.	8 vol.

Ouvrages de G. de la Landelle.

L'Eau et le Feu.	2 vol.
Le Château de Noirac.	2 vol.
L'Honneur de la Famille.	2 vol.
Les Princes d'Ebène.	5 vol.
Falkar-le-Rouge.	5 vol.
Les Iles de Glace.	4 vol.
Le Morne aux Serpents.	2 vol.
Une Haine à bord.	2 vol.

Ouvrages d'Alexandre de Lavergne.

Il faut que jeunesse se passe.	5 vol.
Sous trois rois.	2 vol.
La princesse des Ursins.	2 vol.
Un Gentilhomme d'aujourd'hui.	5 vol.
Le dernier seigneur de village. Le secret de la confession.	2 vol.

Fontainebleau, imprimerie de E. Jacquin.

www.ingramcontent.com/pod-product-compliance
Lightning Source LLC
Chambersburg PA
CBHW060418170426
43199CB00013B/2194